女の子の
よそゆき服

特別な日のための1枚

かわいきみ子 著

yosoyuki

子供の服を作るとき、女の子や男の子とあまり意識せずに色や形をデザインします。子供が清潔に見えて、着やすく健康的に過ごせる、そして洗濯などがスムーズにできるよう考えて仕上げることが多いです。

　でも、〝よそゆき〟だけは特別です。今はあまり使われていない言葉ですが、私が小さかった頃、毎日着るふだん着と、何か行事のあるときの服はちゃんと区別がありました。よそゆきは大きい街へ映画を見に行くとき、親戚の集まりに出かける日、などに着せてもらうのです。妹たちとおそろいのこともあり、たいてい母の手作りでした。

　いつもとは違う服を着るワクワクした気分、そんなことを思い出しながらこの本をまとめました。扱いやすい綿プリントは、ギャザーやタックを多めにし、ふだんより華やかに。少し手のかかる素材はスカートの縫い方を簡単に──と、取り組みやすいよう工夫してあります。

　布の選び方やパターンの組み合わせで、さまざまな形の作品ができ上がると思います。どうぞ、みなさまのお子さんそれぞれに合うデザインを考えて仕上げ、特別な1日を過ごしてください。

かわいきみ子

＊この本の作品の大半は、リボンやスカートの丈を長めに作っています。ふだん元気に過ごしているお子さんには、動きが妨げられることもあると思います。何かにリボンが絡んだり、スカートに足をとられて転ばないよう気をつけて見てあげてください。

Contents

1. リバティプリントのタックワンピース　　04 (50)
2. オリヴィアボーダーのタックワンピース　　05 (52)
3. ボータイ付き2段ティアードワンピース　　06 (54)
4. ボーダーレースのパフスリーブワンピース　　08 (56)
5. フレンチスリーブワンピース　　10 (58)
6. パンジーのノースリーブワンピース　　12 (60)
7. 水玉ブロードの3段ティアードワンピース　　14 (62)
8. トラッドチェックのバイアススカートワンピース　　15 (61)
9. リバティプリントのパフスリーブワンピース　　16 (64)
10. クロスステッチ刺しゅうのカントリーワンピース　　17 (64)
11.&12. 姉妹のキャミソールワンピース　　18 (66)
13. リバティプリントの裾レースワンピース　　22 (41)
14. コードレーンのウエストベルトワンピース　　24 (68)
15.&16. ジャンパースカートとクラシック＆セーラーカラーブラウス　　26 (70・74)
17. ジャンパースカートとボータイ付きブラウス　　28 (71・74)
18. ジャンパースカートとフラットカラーブラウス　　29 (71・74)
19.&20. カフェカーテンで純白ドレス　　32 (76)
21. フラワーモチーフレースとチュールのパーティドレス　　36 (78)

（　）内は作り方ページ

Petit Bags　残った布で作ったプチバッグ　　20
Blouse　100双ブロードで作る きちんと感のあるブラウス　　30
Accessory　造花で作るヘアアクセサリー＆コサージュ　　38

縫い始める前に　　40
ワンピースを作ってみましょう　　41
How to make 作品の作り方　　49

1.
リバティプリントの
タックワンピース

濃い紫に白い小花プリントが可憐なリバティプリントで、さらりと着心地がいい1枚に。スカートには幅広のタックを入れてあり、ほどよい広がりが上品です。

How to make ▷ p.50
表布／バキラ

2.
オリヴィアボーダーの
タックワンピース

光の透け具合がとてもきれいなボーダー柄。細かなタックを入れてボリュームを出しました。清楚な白でほどよいかわいらしさを演出できます。

How to make ▷ p.52
表布／オカダヤ新宿本店

3.
ボータイ付き
2段ティアード
ワンピース

パフスリーブ、リボン、ティアードスカートと、女の子らしさをふんだんに詰め込んでいます。鮮やかなフラワーが美しい柄は、甘すぎないグリーンでバランスをとりました。

How to make ▷ p.54
表布／バキラ

4.
ボーダーレースの
パフスリーブ
ワンピース

レースのスカラップを裾やウエストにあしらって。繊細で複雑な刺しゅうが施されたレース地で、おてんば娘も今日だけはおしとやかなお嬢様。

How to make ▷ p.56

5.
フレンチスリーブ
ワンピース

少しきちんと感のあるワンピースなら、白衿&ボックスプリーツ。細かな千鳥格子がいつもよりちょっぴりお姉さんにしてくれます。衿をつけずにスカーフを巻いて着ても。

How to make ▷ p.58
表布／アライ

衿をつけずにスカーフを巻いて

6.
パンジーの
ノースリーブワンピース

みんなに注目され、はにかんだ表情が初々しいお誕生日会。パンジーが一面に描かれた柄は、そんな晴れの日にぴったりです。しなやかな生地は、ギャザーをたっぷり入れましょう。

How to make ▷ p.60
表布／バキラ（参考商品）

7.
水玉ブロードの
3段ティアード
ワンピース

少し光沢のあるブロード地なら、よそゆき服に。ティアードスカートがうれしくて、バレリーナみたいにクルクル回るのは、いつの時代の子供も変わりませんね。

How to make ▷ p.62
表布／オカダヤ新宿本店

8.
トラッドチェックの バイアススカート ワンピース

身頃は縦地、スカートはバイアス地にしてチェックの柄を引き立たせました。カンカン帽で小粋なスタイルに決めたら、少しくらい生意気なことを言っても今日だけは許してあげる。

How to make ▷ p.61
表布／オカダヤ新宿本店

9.
リバティプリントの パフスリーブ ワンピース

少しレトロな雰囲気の1枚は、髪をアップにしてクラシカルに着こなしたいです。家族そろってディナーに出かけるなら、このくらいおめかししたいですね。

How to make ▷ p.64
表布／バキラ

サテンリボンを巻いても

10.
クロスステッチ
刺しゅうの
カントリーワンピース

トリコロールカラーのクロスステッチ刺しゅうは、野山を駆け回る快活な少女のイメージ。16ページの作品とほぼ同じ作り方でも、生地を変えるとこんなに印象が違います。

How to make ▷ p.64

11.&12.
姉妹のキャミソールワンピース

リゾート地なら、いつもより少し開放的なキャミワンピで一緒に花摘み。元気な妹には華やかなペイズリー柄、凛とした姉は質感のある真っ白なレース地がよく似合います。

How to make ▷ p.66
表布／バキラ（リバティプリント）

Petit Bags

残った布で作ったプチバッグ

ワンピースを作った残り布でプチバッグを作ってみました。
巾着やワンハンドルのフリルバッグ、バネ口のバッグなど、
子供が使いやすい形を選んでご提案します。

36ページ
フラワーモチーフレースの表布で
巾着バッグに

参考作品

6ページ
リバティプリントの表布で
フリルバッグに

How to make ▷ p.73

8ページ
ボーダーレースの表布で
バネ口バッグに

How to make ▷ p.73

18ページ
ボーダーレースの表布で
バネ口ポシェットに

参考作品

13.
リバティプリントの裾レースワンピース

柔らかくやさしい印象の、クラシックなペイズリー柄です。透け感のあるレースを衿ぐりと裾にあしらい、より軽やかなデザインに仕上げました。

How to make ▷ p.41
表布／バキラ

14.
コードレーンの
ウエストベルト
ワンピース

綿素材で縦に畝(うね)が入った織りのコードレーンは、大人のジャケットにも使われる生地。白衿のさわやかなスタイルで決めたら、バスに揺られて旅に出たくなりませんか?

How to make ▷ p.68
表布/オカダヤ新宿本店

15. & 16.
ジャンパースカートと
クラシック&
セーラーカラーブラウス

入園入学にも使えそうなジャンパースカートとブラウスの組み合わせ。ワンセットあると冠婚葬祭や、きちんとした席に重宝します。ジャンパースカートは同型ですが、ブラウスの衿の形で変化をつけました。

How to make ▷ p.70（ブラウス）
　　　　　　▷ p.74（ジャンパースカート）
表布／アライ（ジャンパースカート）
　　　オカダヤ新宿本店（ブラウス）

後ろにタックをとって

17.
ジャンパースカートと
ボータイ付きブラウス

こちらはブラウスの衿にリボンをつけたタイプ。蝶結びしたときにリボンの長さがそろうよう、微妙に左右の長さを変えました。きゅっと結ぶとキリリとした印象を与えます。

How to make ▷ p.71（ブラウス）
　　　　　　▷ p.74（ジャンパースカート）
表布／アライ（ジャンパースカート）
　　　オカダヤ新宿本店（ブラウス）

18.

ジャンパースカートと
フラットカラーブラウス

丸みのある衿はスタイルを選ばず、幅広く着まわせるデザインです。衿元にニュアンスを加えるリボンは、楽しい席には暖色系、改まった日なら寒色系をセレクトします。

How to make ▷ p.71（ブラウス）
▷ p.74（ジャンパースカート）
表布／アライ（ジャンパースカート）
オカダヤ新宿本店（ブラウス）

100双ブロードで作る きちんと感のあるブラウス

衿の違いだけで、こんなにも印象が変わります。
パリッとした風合いで着心地がとてもいい、贅沢なブラウス。
細い糸で織られた光沢のある布は、100双(ひゃくそう)と呼びます。

クラシックカラー

ボータイ付きカラー

セーラーカラー

フラットカラー

19.&20.
カフェカーテンで純白ドレス

真っ白なドレスなら、カフェカーテンで製作してはいかがでしょう。幅広なものもあるので、120cmサイズも大丈夫。フラワーガールを頼まれたら、ぜひ作ってあげたいですね。

How to make ▷ p.76
表布／オカダヤ新宿本店

身頃にはピンタックを入れ、白無地に陰影をつけて。フォーマルなら白いリボン、発表会のお呼ばれならオーガンジーのカラーリボンと、お出かけに合わせて選びましょう。

ピンタックを入れておしとやかな印象

リボンを変えるだけで雰囲気も変化

21.
フラワーモチーフレースと
チュールのパーティドレス

立体的なバラのモチーフレースに、二重にしてボリュームを持たせたチュールを合わせました。華やかなドレスを身にまとったら、いつもは活発な女の子もたちまちレディに変身です。

How to make ▷ p.78
表布／オカダヤ新宿本店（参考商品）

Accessory

造花で作る
ヘアアクセサリー&コサージュ

よそゆき服に身を包んだら、
アクセサリーにも気を配りましょう。
造花のヘッドドレスやコサージュ、
ヘアアクセサリー——。
どれも束ね合わせて結わえ、まとめるだけです。
胸元や髪飾りに。

39

縫い始める前に

ここでは、基本の道具や糸の選び方、よく出てくる手法などをご紹介します。また、作品1点の作り方をプロセス写真で詳しく解説。ちょっとした手間を惜します作ることが、きれいな仕上がりのポイントです。

〔基本の道具〕

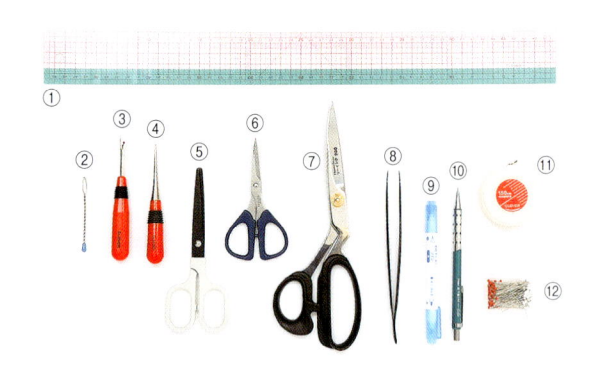

①定規　②ひも通し　③リッパー　④目打ち　⑤紙切りバサミ
⑥糸切りバサミ　⑦布切りバサミ　⑧ピンセット　⑨チャコペン
⑩シャープペンシル　⑪メジャー　⑫まち針

〔針と糸〕

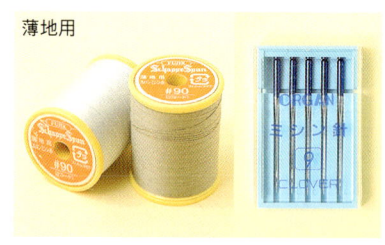

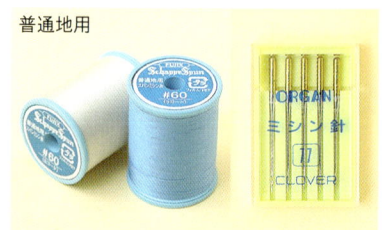

薄地用

普通地用

ローンやチュールなどの薄くてデリケートな生地には細い90番のミシン糸を。ミシン針は9号を使用。ブロードやシーチング、ダンガリーなどの普通地には60番のミシン糸を。ミシン針は11号を使用。

〔便利な道具〕

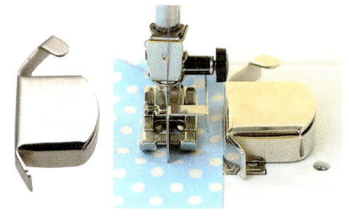

ステッチ定規

ミシンの針板に磁石で固定できるので、ミシン針から1cm、1.5cmの所につけておけばでき上がり線をつけなくても、指定の縫い代でまっすぐ縫うことができる便利品。

〔糸の選び方〕

使いたい生地の上に合いそうな色の糸を置き、目を細めて見て糸の色が布地にとけ込む糸を使うのがおすすめ。この場合は、5本のうち一番右と右から二番目の糸が最適。

身頃にタックがある場合の布の裁ち方

タックがある場合は、先に布に指定の間隔と幅でタックを縫ってしまいます。それから型紙を当て直すと、手早く正確に裁断できます。ここでは、前中心から2cm間隔で0.5cm幅のピンタックを2本入れる場合を解説します。

*わかりやすく説明するため、プロセス内では糸の色を変えています。実際に作る際は、布の色に合わせた糸をお選びください。

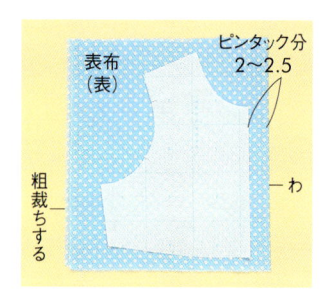

1. 表布を外表に二つ折りにし、タック分の余裕（0.5cm×2を2本なので約2cm）をもって型紙を置き、粗裁ちする。

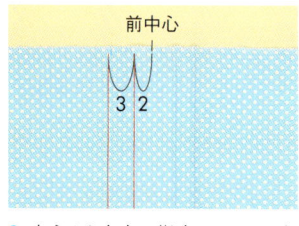

2. 中心から左右に指定のタックの印をつける。印をつけた所を折り山にしてアイロンを当てる。この場合は、前中心から2cm間隔なので中心から2cm、2cm＋タック分1cmで3cmの所が折り山になる。

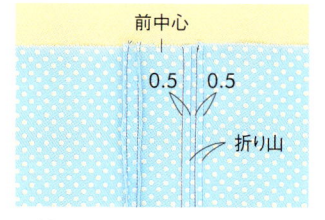

3. 折り山から0.5cmの所を縫う。タックは中心から外側に倒してアイロンをかける。

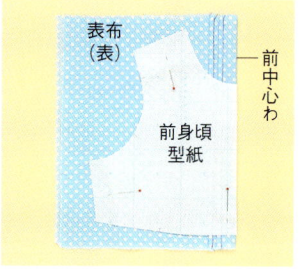

4. 表布を前中心から外表に二つ折りにする。表布のわに型紙の前中心を合わせてまち針でとめ、指定の縫い代をつけて裁断する。

ワンピースを作ってみましょう

13 ▶p.22
リバティプリントの裾レースワンピース

実物大型紙　前・後ろ身頃AB面、袖B面、スカートB面

材料
表布（リバティプリント）110cm幅〔90・100cmサイズ〕…200cm、
〔110・120cm〕…220cm
薄手接着芯…20×30cm　6cm幅衿レース…70cm
7cm幅裾レース…610cm　1cm径ボタン…5個
0.8cm径スナップ…1組

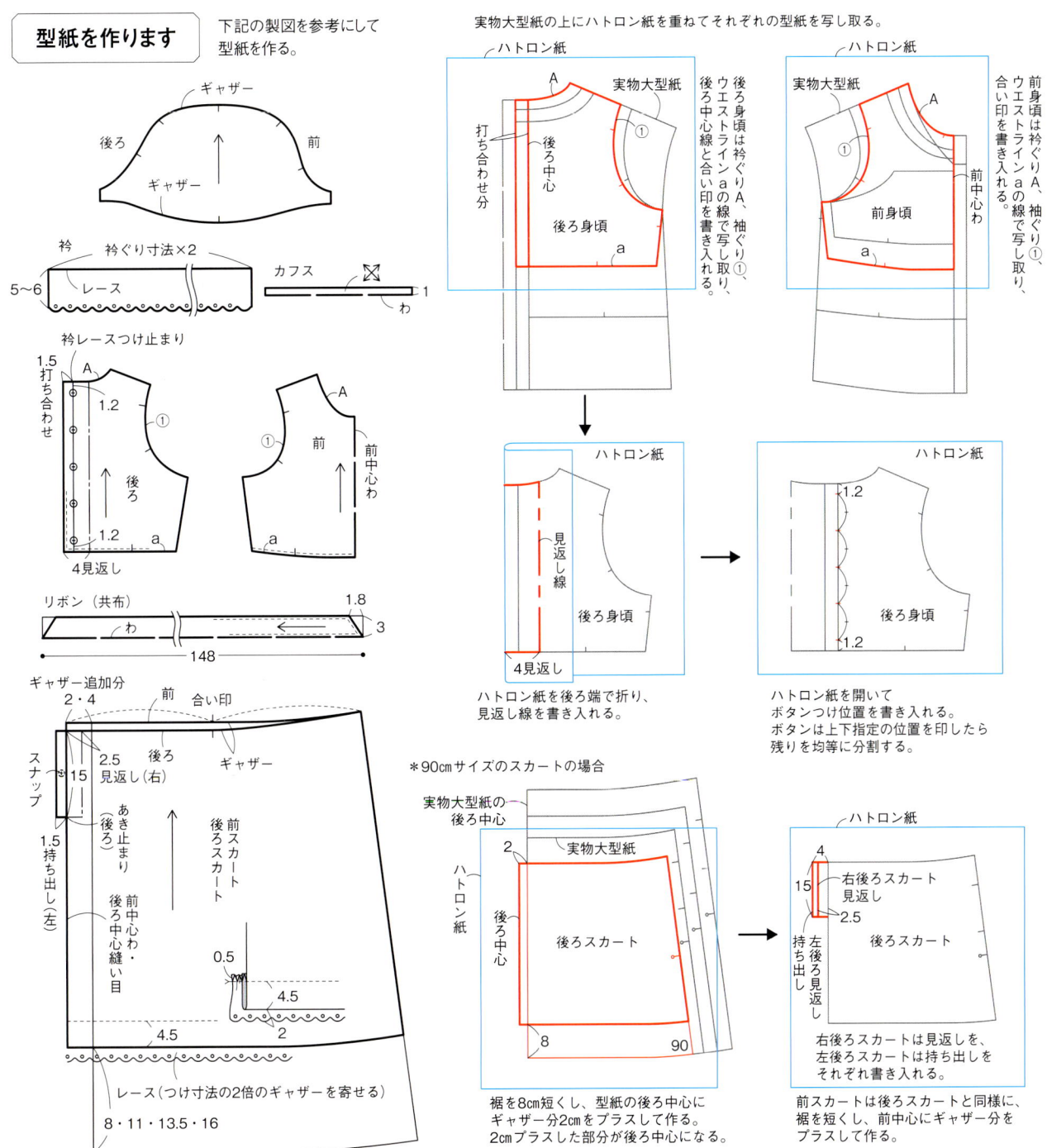

型紙を作ります

下記の製図を参考にして型紙を作る。

実物大型紙の上にハトロン紙を重ねてそれぞれの型紙を写し取る。

後ろ身頃は衿ぐりA、袖ぐり①、ウエストラインaの線で写し取り、後ろ中心線と合い印を書き入れる。

前身頃は衿ぐりA、袖ぐり①、ウエストラインaの線で写し取り、前中心わと合い印を書き入れる。

ハトロン紙を後ろ端で折り、見返し線を書き入れる。

ハトロン紙を開いてボタンつけ位置を書き入れる。ボタンは上下指定の位置を印したら残りを均等に分割する。

＊90cmサイズのスカートの場合

裾を8cm短くし、型紙の後ろ中心にギャザー分2cmをプラスして作る。2cmプラスした部分が後ろ中心になる。

右後ろスカートは見返しを、左後ろスカートは持ち出しをそれぞれ書き入れる。

前スカートは後ろスカートと同様に、裾を短くし、前中心にギャザー分をプラスして作る。

レース（つけ寸法の2倍のギャザーを寄せる）

8・11・13.5・16

148

リボン（共布）

【裁ち合わせ図】 ＊縫い代は指定以外1cm

＊90・100cm ▓ 接着芯を貼る箇所

＊110・120cm ▓ 接着芯を貼る箇所

*Point 一方向の布で作る場合（110・120cm）、前スカートをカットしたら残りの布端でリボン分を裁断します。それから布を80cm（柄を合わせるなら＋α）切り取り、残りの布に中表に重ねて残りのパーツを裁断します。

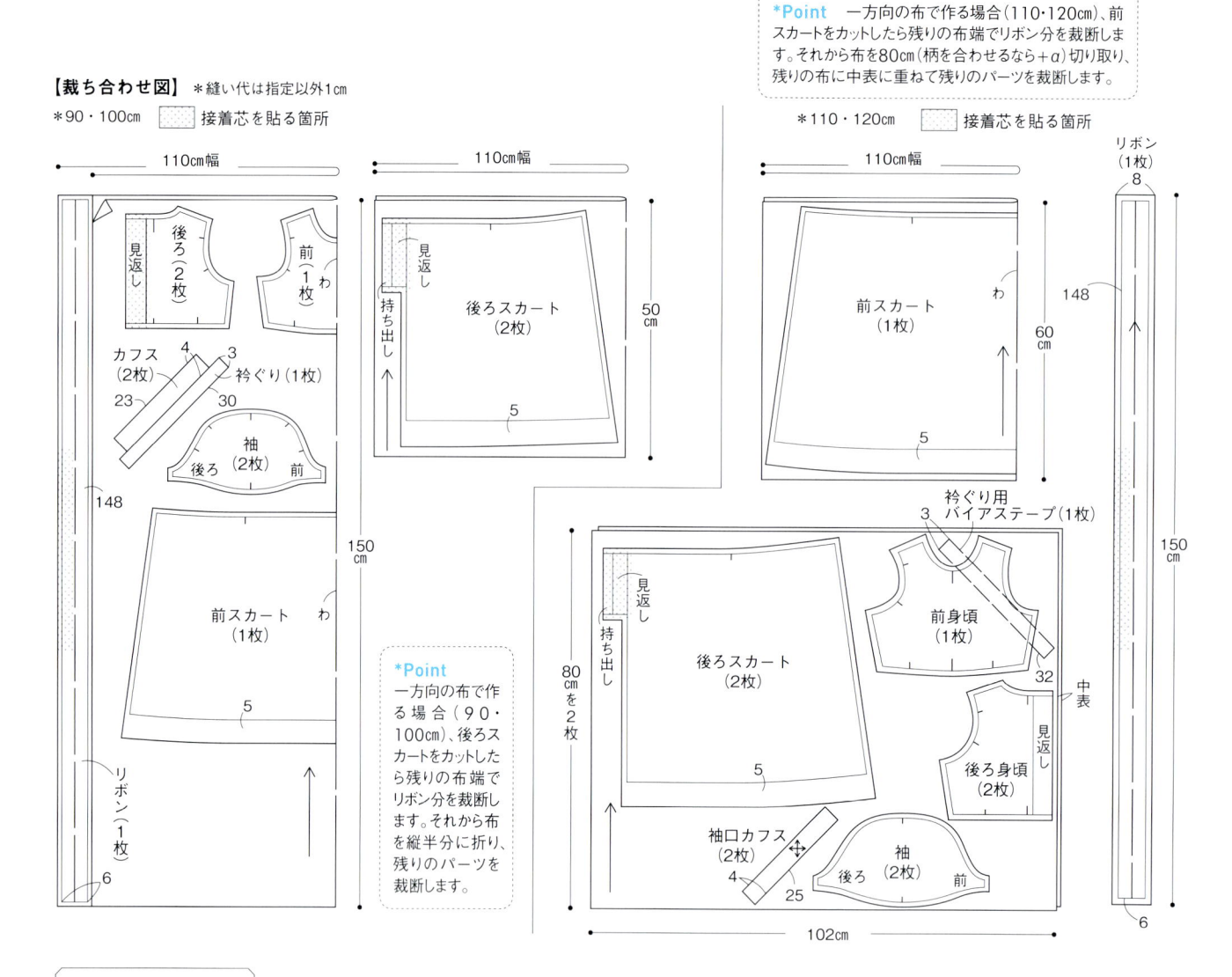

*Point 一方向の布で作る場合（90・100cm）、後ろスカートをカットしたら残りの布端でリボン分を裁断します。それから布を縦半分に折り、残りのパーツを裁断します。

布を裁断します

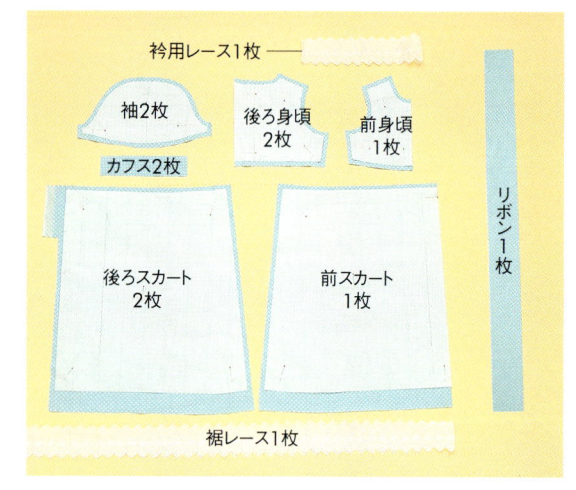

裁ち合わせ図の縫い代寸法を参考にし、縫い代をつけて各パーツを裁断する。右後ろスカートは持ち出し部分を1.5cmカットしておく。

*Point

合い印のつけ方
①前中心や後ろ中心の合い印には縫い代に三角に切り込みを入れる。②その間の合い印には縫い代に切り込みを入れる。切り込みはどちらも縫い代の1/2くらいまで入れる。②③合い印を入れる際は、はさみの根元ではなく、刃先で入れること！

身頃を作ります

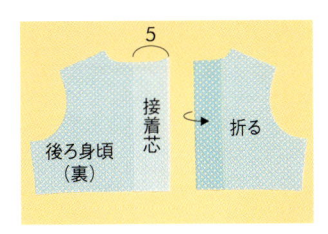

1. 後ろ身頃の見返し部分に接着芯を貼り、見返しを折る。

2. 前身頃と後ろ身頃を中表に合わせて肩を縫う。

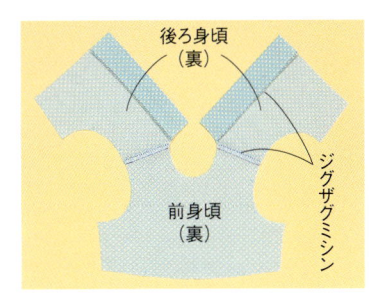

3. 見返し奥と肩の縫い代にジグザグミシンをかける。肩は2枚一緒にかけ、縫い代は後ろ身頃側に倒す。

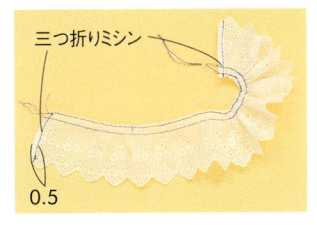

4. 衿レースの端を三つ折り縫いし、ギャザーを寄せる。（ギャザーの寄せ方は下記参照）

5. 身頃の表側に衿レースをまち針でとめる。

6. ギャザーミシンの間を粗めのミシンで仮どめする。

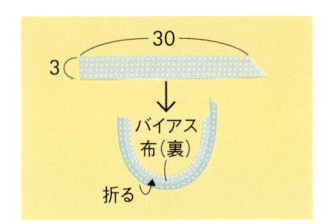

7. バイアス布を準備し、片側の縫い代を折る。衿のカーブに合うようにアイロンでくせとりする。

*Point　ギャザーの寄せ方

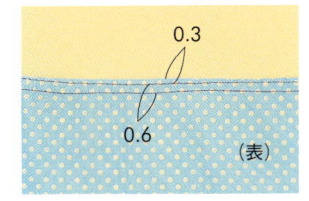

1. 布端から0.3cm、0.6cmの所に粗めのミシン（約0.4cmの針目）をかける。

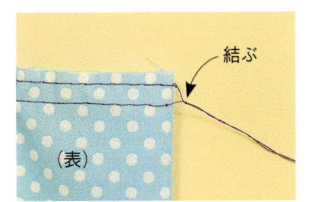

2. 上糸2本を結んでおく。反対側も同様に結ぶ。

3. 片側の上糸2本を引っぱりながら少しずつギャザーを寄せていく。

4. 一度に一気に糸を引かず、少しずつ寄せていくのがポイント。

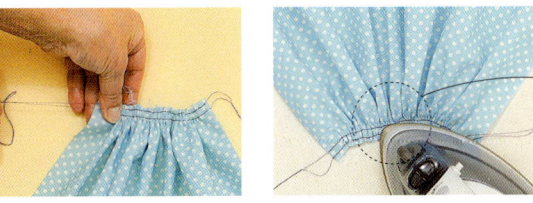

5. ギャザーを寄せた縫い代部分にアイロンをかけて落ち着かせる。

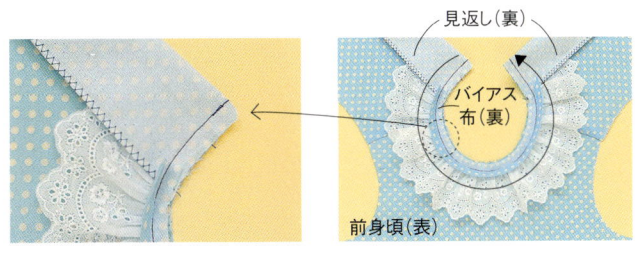

8. 見返しを中表に折り、バイアス布を中表に重ねて衿ぐりを縫う。

9. 身頃の衿ぐりの縫い代に切り込みを入れる。バイアス布とレースには切り込みは入れない。

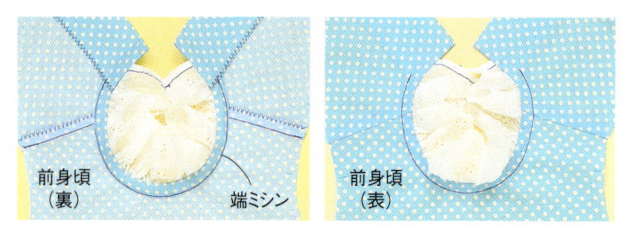

10. バイアス布で縫い代をくるみ、裏側から端ミシンで縫いとめる。

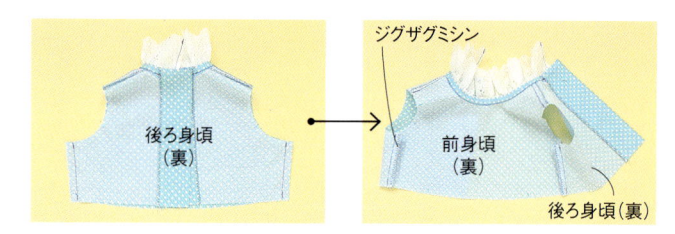

11. 脇を中表に合わせて縫い、縫い代は2枚一緒にジグザグミシンをかけ、前身頃側に倒す。

袖を作り、身頃につけます

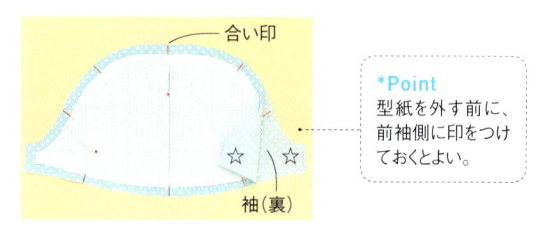

1. 型紙をのせて合い印をつける。

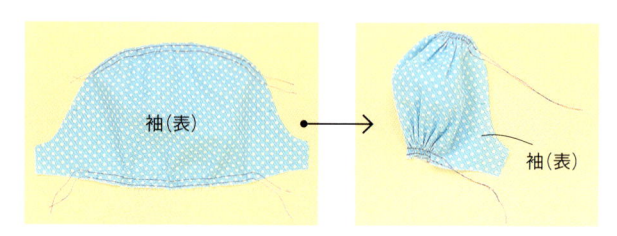

*Point
型紙を外す前に、前袖側に印をつけておくとよい。

2. 袖山と袖口にギャザーを寄せる。ギャザーミシンはギャザー止まりの合い印より1cm多く縫う。

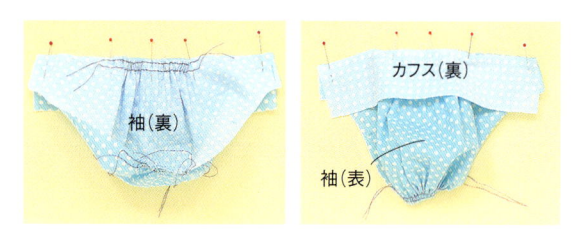

3. 袖口とカフスを中表に合わせて合い印をまち針でとめる。

4. 袖の裏側を見ながら、カフスと縫い合わせる。袖下の縫い代を斜めにカットする。

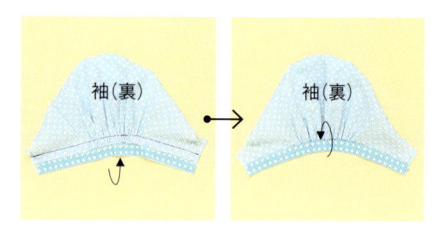

5. ギャザーミシンの糸を抜き、縫い代をカフスでくるみ、アイロンで押さえる。

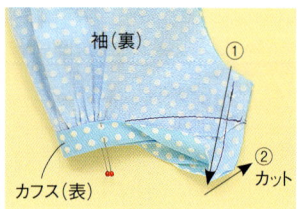

6. ①袖下からカフス端まで続けて縫い合わせる。②カフスの縫い代を斜めにカットする。

7. 袖下の縫い代を開き、カフスをでき上がり幅に折る。表側からカフスのきわを落としミシンで縫いとめる。反対の袖も同様に作る。

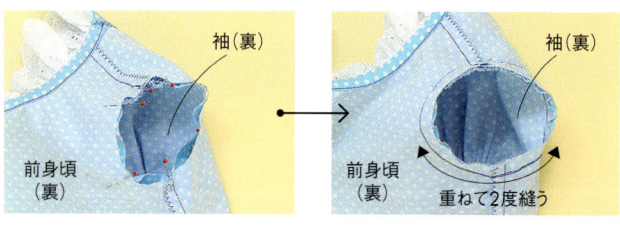

8. 身頃と袖を中表に合わせてまち針でとめ、縫い合わせる。合い印から下側は重ねて2度縫う。

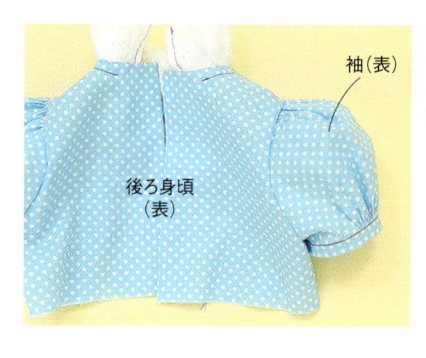

9. 縫い代は2枚一緒にジグザグミシンをかける。反対側も同様に縫いつける。

スカートを作ります

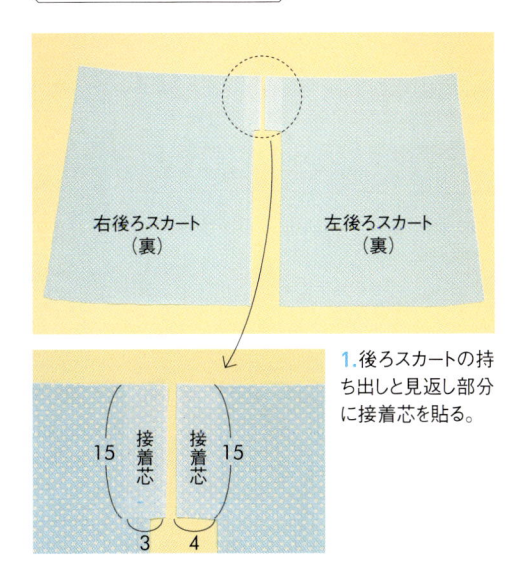

1. 後ろスカートの持ち出しと見返し部分に接着芯を貼る。

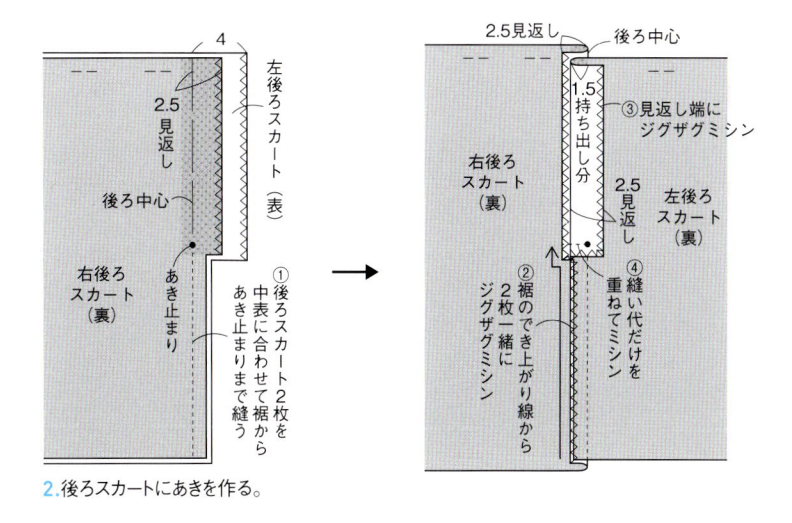

2. 後ろスカートにあきを作る。

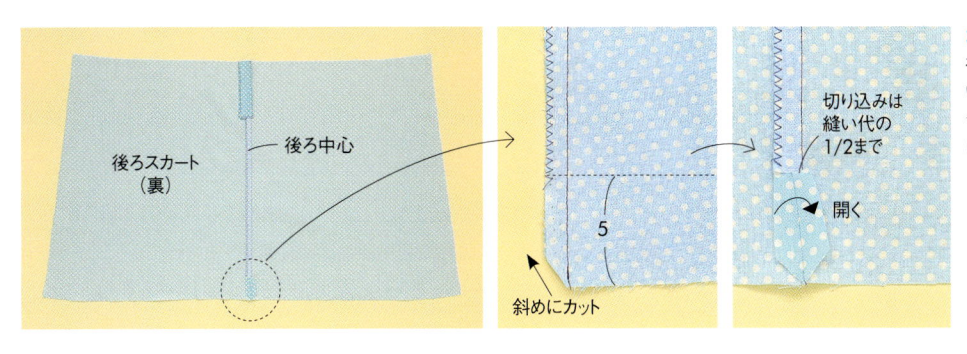

    - 左後ろスカート
    - 2.5見返し
    - 後ろ中心
    - 右後ろスカート（裏）
    - あき止まり
    - ①後ろスカート2枚を中表に合わせて裾からあき止まりまで縫う
    - 2.5見返し
    - 後ろ中心
    - 1.5持ち出し分
    - ③見返し端にジグザグミシン
    - 右後ろスカート（裏）
    - 左後ろスカート（裏）
    - ②裾のでき上がり線から2枚一緒にジグザグミシン
    - ④縫い代だけを重ねてミシン

3. 後ろ中心のジグザグミシンは、裾のでき上がり線までかける。縫い代端は写真のように斜めにカットし、でき上がり位置で縫い代に切り込みを入れ、開く。

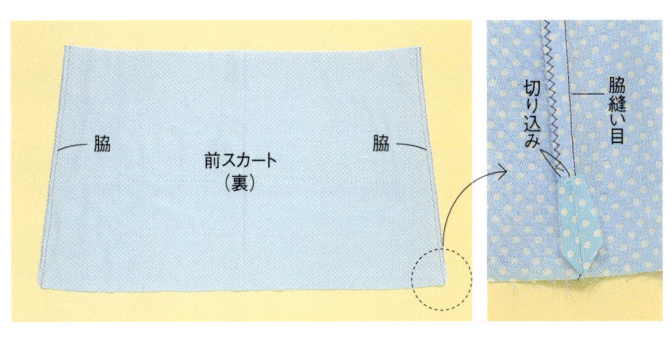

    - 後ろスカート（裏）
    - 後ろ中心
    - 斜めにカット
    - 切り込みは縫い代の1/2まで
    - 開く

4. 3と前スカートを中表に合わせ、両脇を縫い、縫い代にジグザグミシンをかける。縫い代は前スカート側に倒す。3と同様にして、裾の縫い代の始末をする。

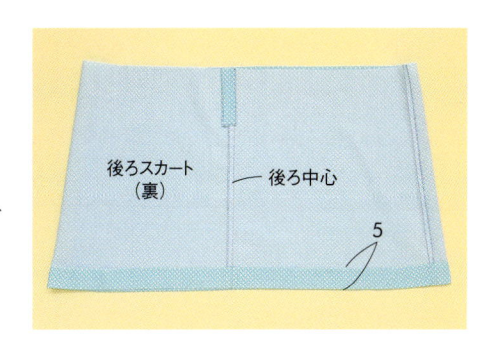

    - 脇
    - 前スカート（裏）
    - 切り込み
    - 脇縫い目

5. 裾の縫い代をでき上がりに折り、アイロンで押さえる。

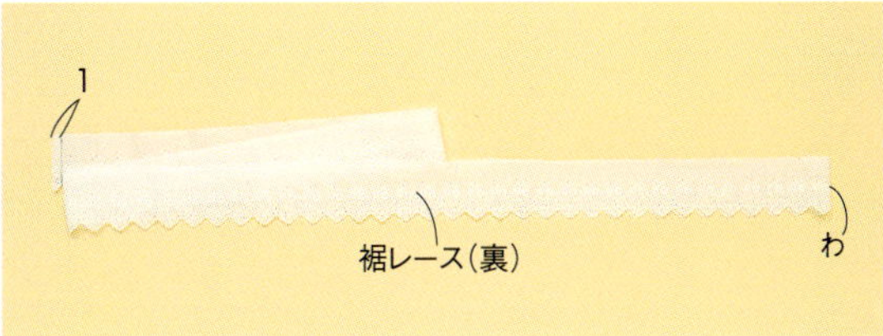

    - 後ろスカート（裏）
    - 後ろ中心

6. 裾レースを4等分して合い印をつけ、中表にわに縫い合わせる。

    - 裾レース（裏）
    - わ

7. 縫い代を割り、まつる。

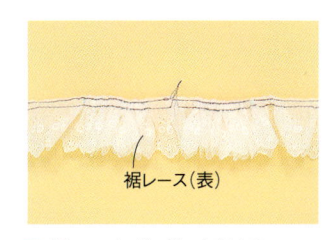

    - （表）
    - （裏）

8. 裾レースにギャザーを寄せる。

    - 裾レース（表）

9. 裾の縫い代を開き、裾レースの縫い目を後ろ中心の縫い目に合わせ、残りの合い印を脇の縫い目と前中心に合わせてまち針でとめる。

10. ギャザーをバランスよく広げながらまち針を間に打っていき、全体にまち針が打てたら裾の縫い代を折り上げてレースの見え方を確認する。

11. 再度縫い代を開き、2本のギャザーミシンの間を仮どめする。縫い代は2枚一緒にジグザグミシンをかける。

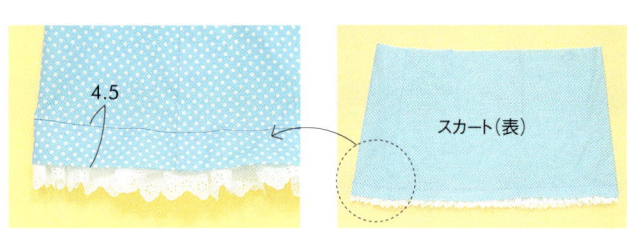

12. 縫い代を折り上げ、表側からミシンで縫いとめる。

13. ウエストにギャザーを寄せる。

身頃とスカートを縫い合わせます

1. スカートのギャザーを身頃に合わせて広げる。

2. スカートと身頃の合い印を合わせ、中表にまち針でとめる。

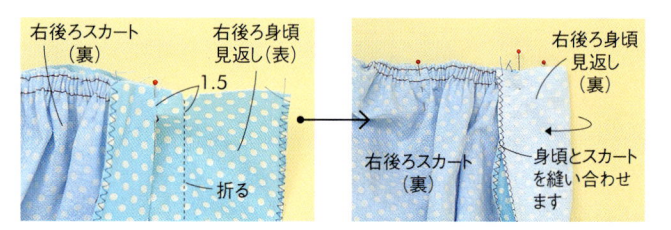

3. 右後ろスカートの見返し部分は、右後ろ身頃の見返しの中に入れてとめる。

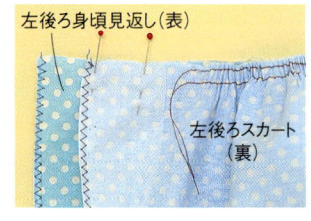

4. 左後ろスカートの持ち出し部分は開いて、身頃の見返しと合わせてまち針でとめる。

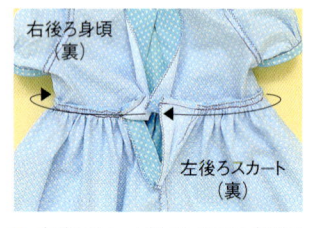

5. 右後ろスカート側からウエスト部分を1周ぐるりと縫い合わせる。

6. 縫い代端にジグザグミシンをかけ、左後ろスカートの縫い代（見返しの中に隠れる部分）を割る。

7. 見返し部分を表に返す。

8. 身頃を表に返し、衿ぐりから続けてウエストの縫い代部分にステッチをかける。

ボタンホールを作り、ボタン、スナップをつけます

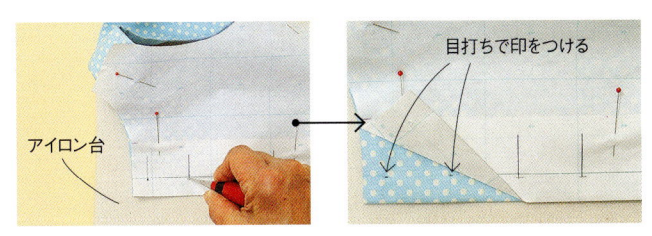

1. 型紙を当て、目打ちを使ってボタンつけ位置とボタンホール位置の印をつける。アイロン台の上で作業するとしやすい。

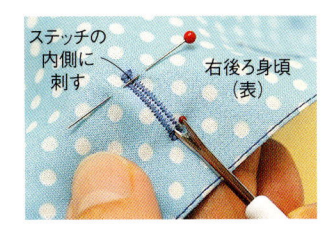

2. ミシンでボタンホールを縫う。ボタンホールをあける際は、写真のようにまち針をストッパーにし、リッパーで切り込みを入れる。

3. 左後ろ身頃にボタンをつけ、スカートのあきにスナップをつける。

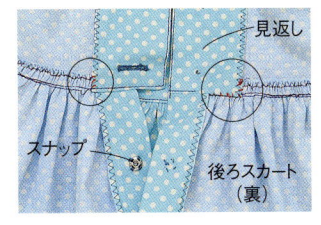

4. 見返しの端をウエストの縫い代部分にまつりつける。

ワンピースの完成

たっぷりとギャザーが入ったワンピースの完成。基本的な作り方がほぼ詰まった作品なので、ほかのドレスの作り方の参考にもしてください。

リボンを作ります

1. リボン布の中心に接着芯を貼る。

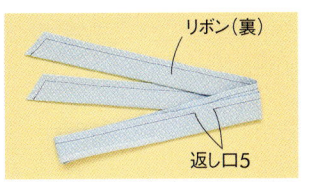

2. 中表に二つ折りにし、返し口を残して縫う。

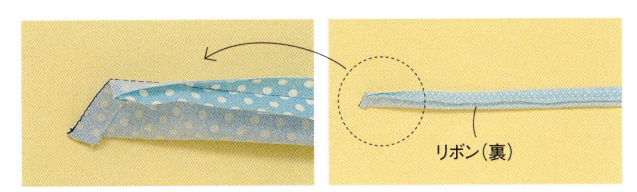

3. 長辺の縫い代はアイロンで割り、短辺の縫い代は片倒しにする。

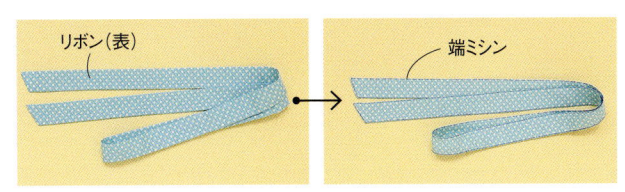

4. 表に返してアイロンで整え、周囲に端ミシンをかける。

着用する際には、ウエストをリボンで結んで。リボンを結ぶことで、よそゆき感がぐっと増します。

身頃に裏布がつく場合の仕立て方

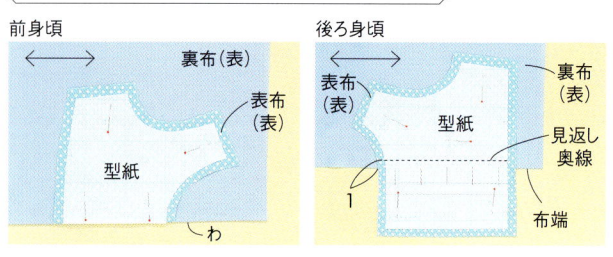

1. 表布を裁断したら、表布と型紙がついた状態で裏布にのせてまち針でとめる。後ろ身頃裏布は見返し分がいらないので、見返し奥の線から縫い代分1cmの所に布端を合わせる。

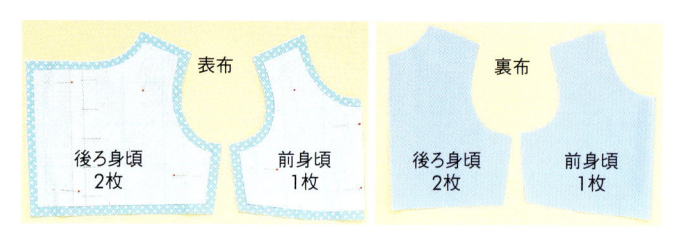

2. 表布と型紙をのせたまま、布端を合わせて裏布を裁つ。

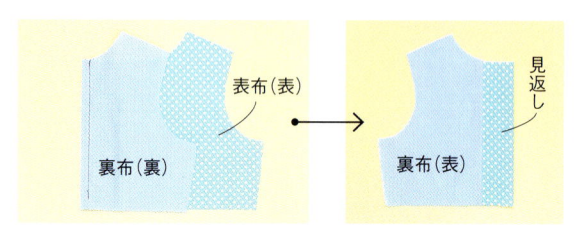

3. 後ろ身頃の表布と裏布を中表に合わせて縫う。

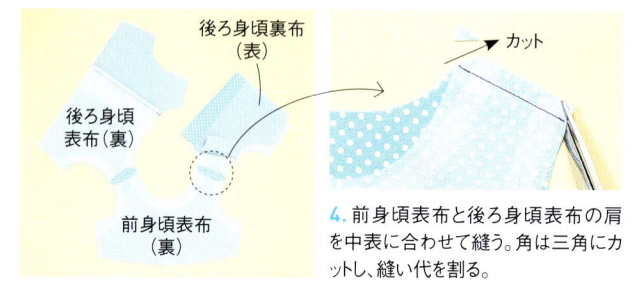

4. 前身頃表布と後ろ身頃表布の肩を中表に合わせて縫う。角は三角にカットし、縫い代を割る。

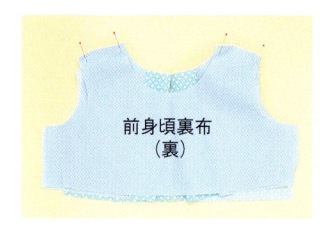

5. 前身頃裏布と後ろ身頃裏布を中表に合わせて肩を縫う。縫い代の始末は表布と同様にする。

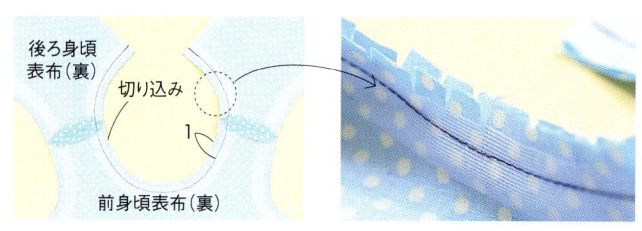

6. 身頃の表布と裏布を中表に合わせて衿ぐりを縫う。縫い代に切り込みを入れ、表布側に倒してアイロンをかける（切り込みは2枚一緒ではなく写真のように交互に入れると仕上がりがきれい）。このとき一度全体を表に返してアイロンをかけ、形を整える。

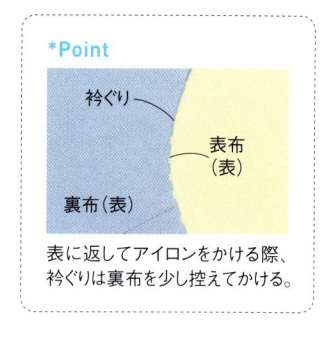

*Point
表に返してアイロンをかける際、衿ぐりは裏布を少し控えてかける。

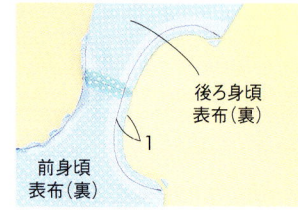

7. 再び身頃の表布と裏布を中表に合わせ、袖ぐりを縫う。縫い代に切り込みを入れ、表布側に倒してアイロンをかける。

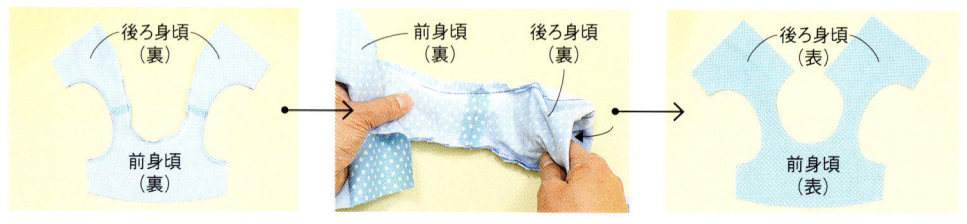

8. 表に返す。矢印のように、前身頃側から手を入れ、後ろ身頃を中に押し込みながら返していく。

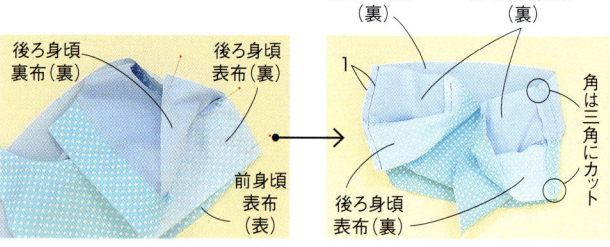

9. 前身頃と後ろ身頃の表布、裏布同士の脇を中表に合わせて表布から裏布まで続けて縫う。縫い代の角を三角にカットして割る。

10. 表に返して形を整える。これで裏布付きの身頃の完成。

How to make
それでは作品を作りましょう。

*単位は指定のないものは全てcmです。　*布の寸法は、横(幅)×縦(長さ)です。

作り方イラスト内の表記の決まりごと

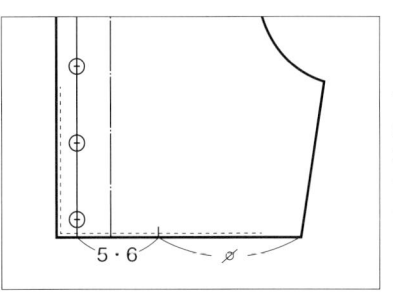

寸法の数字が2つある場合
左の数字が90cmと100cmの寸法、右の数字が110cmと120cmの寸法です。

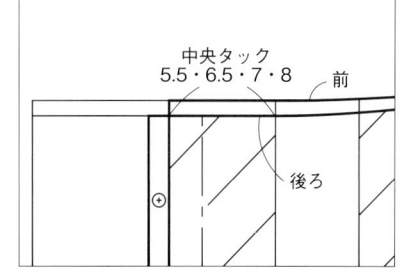

寸法の数字が4つある場合
左から90cm、100cm、110cm、120cmの順番で表記しています。

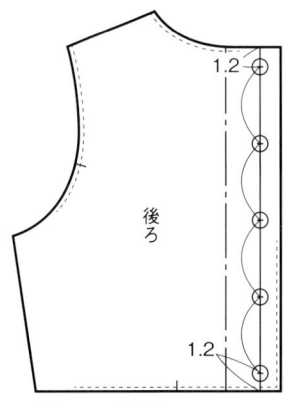

ボタンつけ位置
上下に指定の寸法を印したら、その間をボタンの数で等分します。ボタンは左後ろ身頃または、左前身頃につけます。

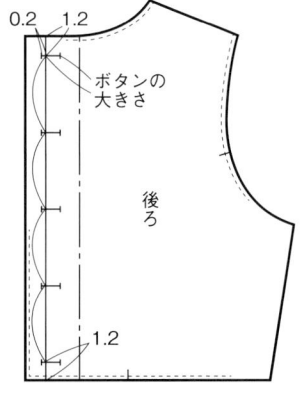

ボタンホール位置
ボタンホール位置を印す際は、図のように後ろ中心線から0.2cmずらして印をつけます。実際に着た際、ボタンが後ろ中央にくるようにするためです。ボタンホールは右後ろ身頃または、右前身頃につけます。

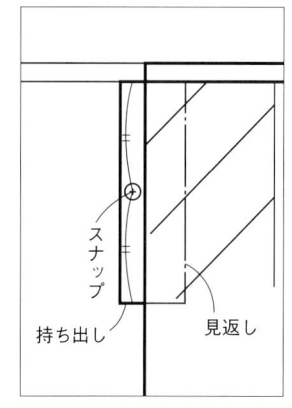

スカートのスナップ位置
持ち出しにつけるスナップは、持ち出しの縦横中央の位置につけます。

実物大型紙について

●この本の実物大型紙は、アレンジがしやすいようになっています。そのため、見返しや持ち出しの線、ボタンつけや、ボタンホール位置が入っていません。それぞれの作品の製図に合わせて追加して型紙をお作りください。

●身頃はサイズごとに型紙が一緒になっています。90cmと100cmの前・後ろ身頃はA面、110cmと120cmの前・後ろ身頃はB面から型紙を写してください。

●袖、衿、ジャンパースカートは各パターンでサイズ展開されています。

●スカートの型紙もサイズ展開されていますが、1パターンのみです。製図の寸法に合わせて、丈やウエストを調節してお使いください。

サイズ表(ヌード寸法)

身長	90cm	100cm	110cm	120cm
バスト	52	54	58	62
ウエスト	49	51	53	55

地直し

買ってきたばかりの布はタテ糸とヨコ糸が斜めにゆがんでいることがあり、そのまま製作してしまうと、時間がたつにつれて服のシルエットが崩れてしまうことがあります。それを防ぐために、最初に布にアイロンをかけ、ゆがみを直しておくことを地直しといいます。縮みやすい素材は、水通しをして、縫製後の縮みを防ぎます。

① ▷p.04
リバティプリントのタックワンピース

実物大型紙　前・後ろ身頃AB面、スカートB面

材料
表布（リバティプリント）
　…110cm幅150cm
裏布（綿ローン・身頃分）
　…110cm幅35cm
薄手接着芯…90×40cm
1.5cm幅接着テープ…130cm
1cm径ボタン…5個
0.8cm径スナップ…1組
3cm幅サテンリボン…150cm

裁断のポイント
＊リバティプリントは柄または模様に上下があるので、身頃とスカートは全て同じ方向で裁つ。

作り方
＊見返し、持ち出しの裏面に接着芯を、表布の衿ぐり、袖ぐりのでき上がり線上の裏面に接着テープを貼る。
1. 裏布をつけた身頃を作る。（裏布のつけ方はp.48参照）
2. 後ろスカート2枚を中表に合わせて後ろ中心を縫い、あきを作る。→p.51＊2
3. 前・後ろスカートを中表に合わせて脇を縫う。縫い代は2枚一緒にジグザグミシンをかけて前側に倒す。
4. 裾の縫い代を三つ折りにして縫う。
5. スカートのウエストにタックをたたむ。→p.51＊5
6. 身頃の表布とスカートを中表に合わせてウエストを縫う。
7. 裏布はウエストをでき上がりに折り、スカートの縫い代にかぶせてまつる。→p.51＊7
8. 身頃にボタンホールをあけ、ボタンをつける。スカートあきにスナップをつける。（ボタンホールの作り方、ボタン、スナップのつけ方はp.47参照）

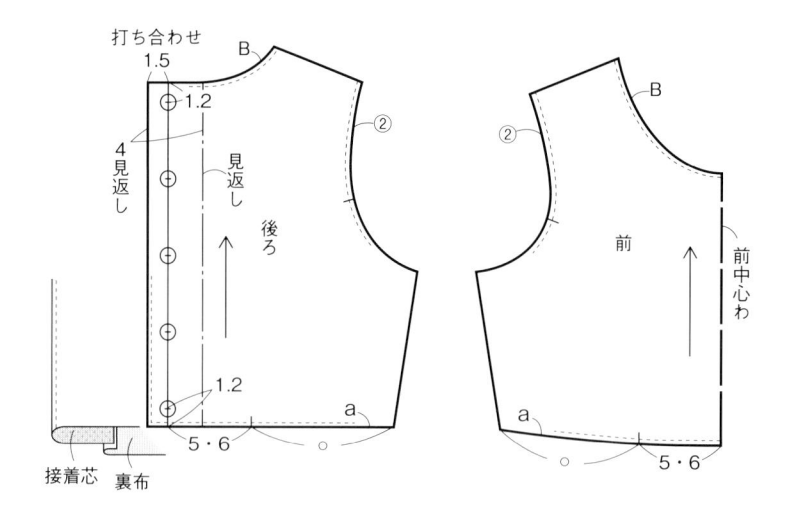

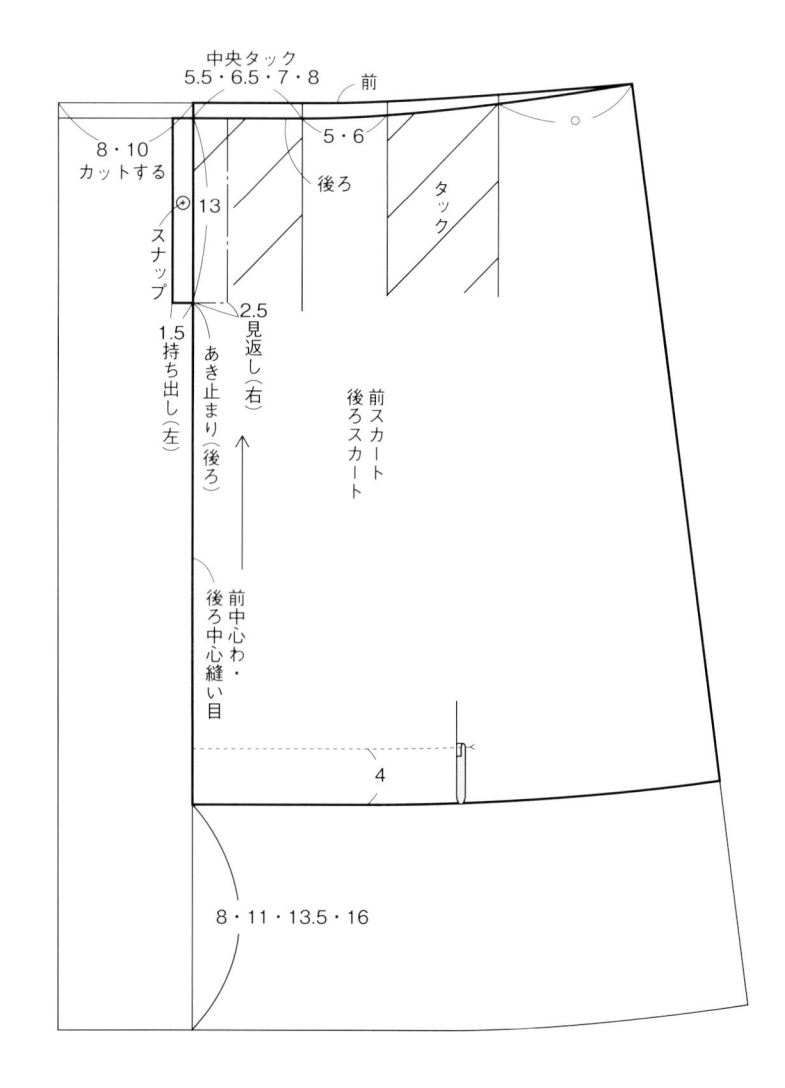

【裁ち合わせ図】 ＊縫い代は指定以外1cm

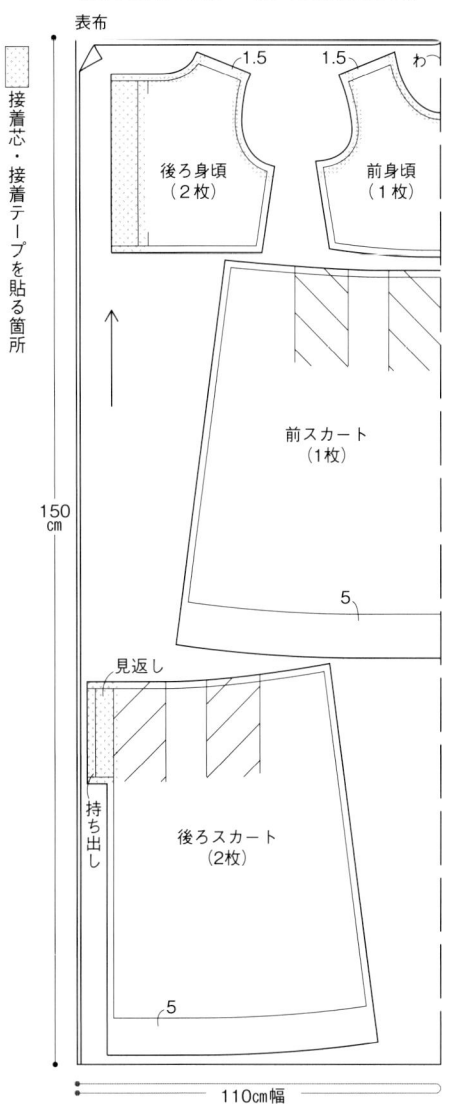

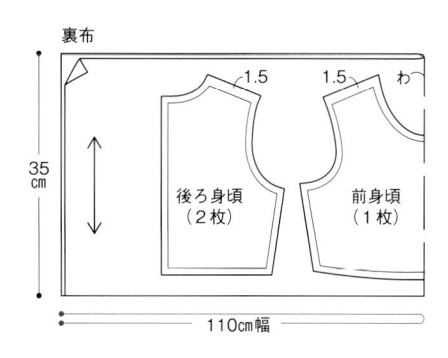

表布
- 後ろ身頃（2枚） 1.5
- 前身頃（1枚） 1.5 わ
- 前スカート（1枚） 5
- 見返し
- 持ち出し
- 後ろスカート（2枚） 5

接着芯・接着テープを貼る箇所

150cm
110cm幅

裏布
- 後ろ身頃（2枚） 1.5
- 前身頃（1枚） 1.5 わ

35cm
110cm幅

＊2 後ろスカートにあきを作る

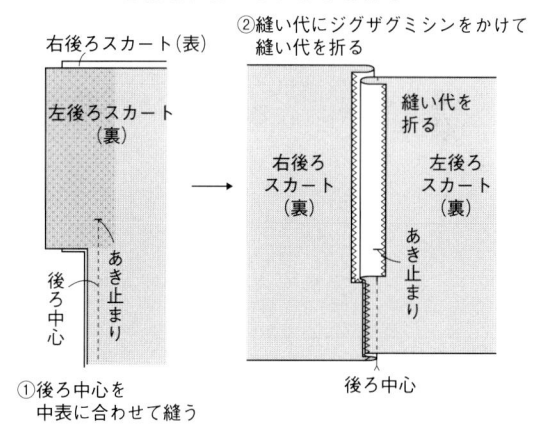

①後ろ中心を中表に合わせて縫う

右後ろスカート（表）
左後ろスカート（裏）
後ろ中心
あき止まり

②縫い代にジグザグミシンをかけて縫い代を折る

右後ろスカート（裏）
縫い代を折る
左後ろスカート（裏）
あき止まり
後ろ中心

＊5 ウエストにタックをたたむ

後ろスカートのタックのたたみ方

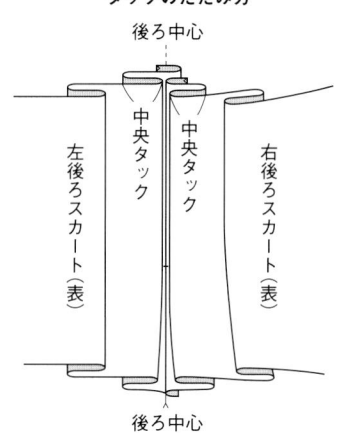

後ろ中心
左後ろスカート（表）
中央タック
中央タック
右後ろスカート（表）
後ろ中心

＊7 裏布をスカートの縫い代にかぶせてまつる

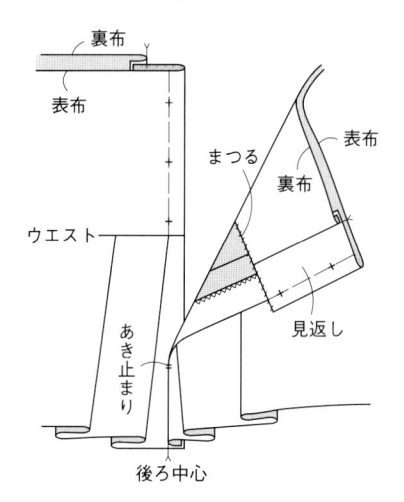

裏布
表布
まつる
裏布
表布
ウエスト
見返し
あき止まり
後ろ中心

② ▷p.05
オリヴィアボーダーのタックワンピース

実物大型紙　前・後ろ身頃AB面、スカートB面

材料
表布（オリヴィアボーダー）
　…140cm幅90cm
裏布（綿ローン）…110cm幅160cm
1cm径飾りボタン…5個
0.8cm径スナップ…6組
3cm幅グログランリボン…170cm

裁断と作り方のポイント
*表スカートは製図の寸法で裁つ。
*後ろあきは全てスナップどめにし、飾りボタンをつける。

作り方
*前・後ろ身頃は裏布を裏打ちする。
*肩、脇の縫い代端、見返し奥はジグザグミシンをかける。
1. 前身頃と後ろ身頃を中表に合わせて肩と脇を縫い、縫い代を割る。
2. 衿ぐり、袖ぐりはバイアステープで始末する。
3. 表スカートを中表に合わせて後ろ中心を縫い、あきを作る。(→p.51*2参照)
4. 表スカートの裾を二つ折りにして縫う。
5. 後ろアンダースカート2枚を中表に合わせて後ろ中心を縫う。前・後ろアンダースカートを中表に合わせて脇を縫い、裾を三つ折りにして縫う。
6. 表スカート、アンダースカートそれぞれのウエストにタックをたたみ、2枚を重ねてウエストを仮どめする。
7. 表スカートとアンダースカートを重ねて、あきをまつる→p.53*7
8. 身頃とスカートを中表に合わせてウエストを縫う。縫い代は4枚一緒にジグザグミシンをかけて身頃側に倒す。
9. 後ろあきを作り、スナップ、飾りボタンをつける。

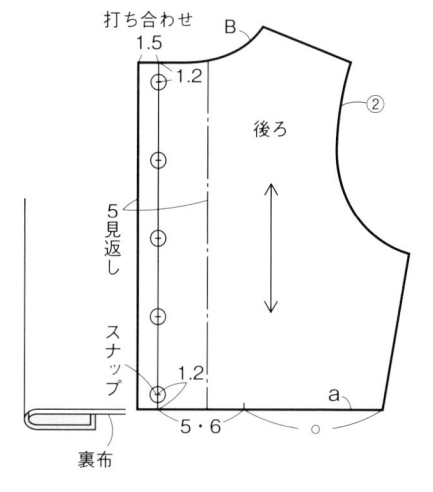

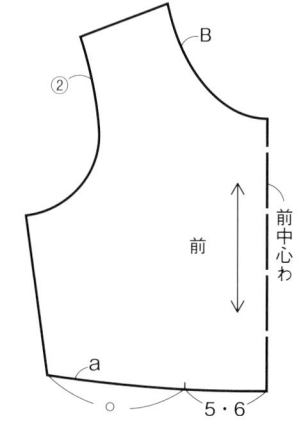

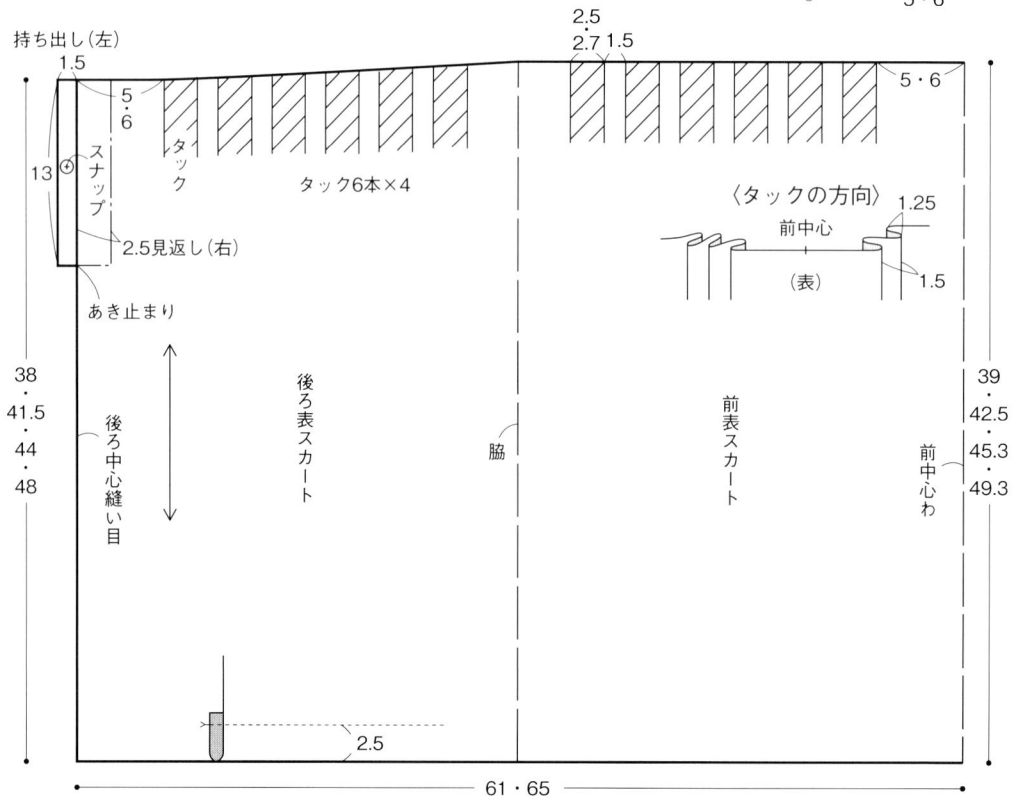

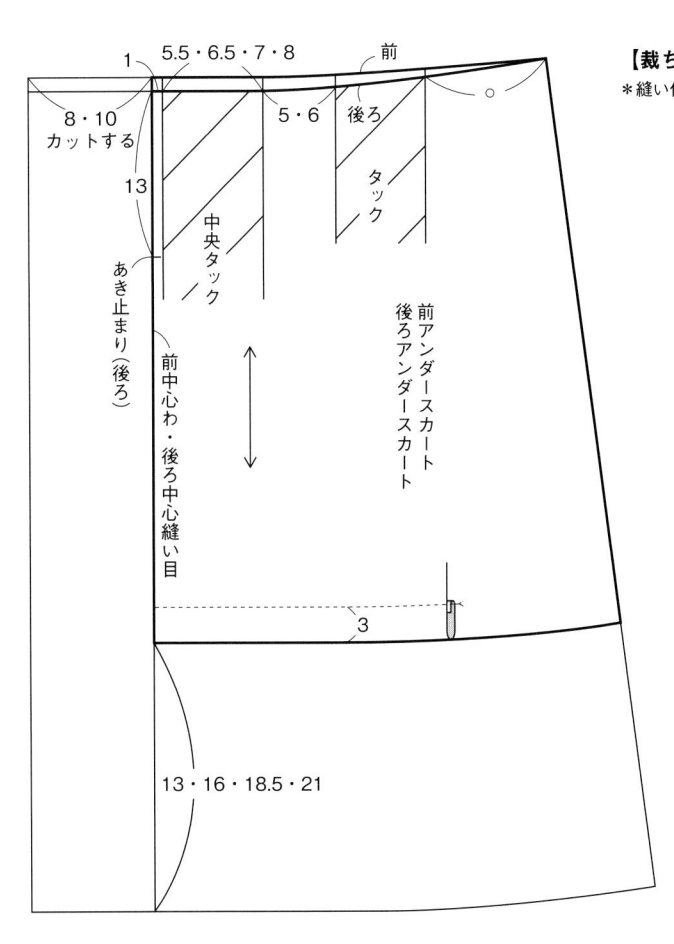

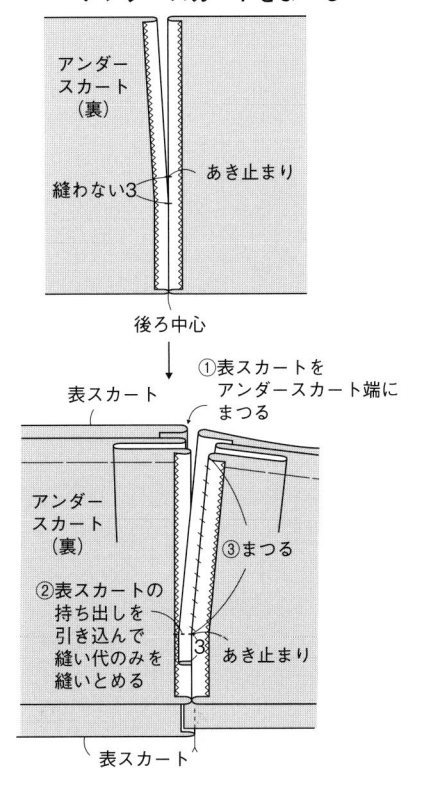

【裁ち合わせ図】
＊縫い代は指定以外1cm

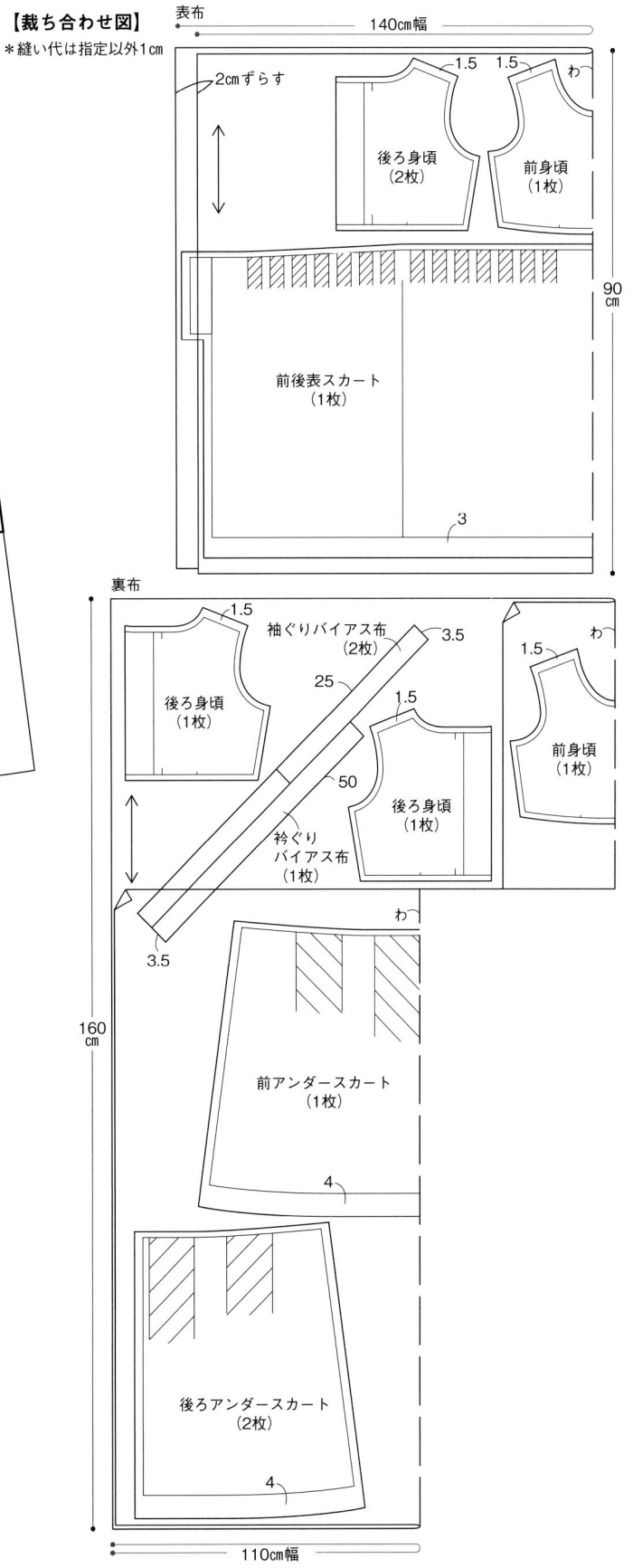

表布 140cm幅 / 90cm
- 後ろ身頃 (2枚)
- 前身頃 (1枚) わ
- 前後表スカート (1枚)
- 2cmずらす
- 1.5・1.5
- 3

裏布 110cm幅 / 160cm
- 後ろ身頃 (1枚)
- 袖ぐりバイアス布 (2枚) 3.5・25
- 後ろ身頃 (1枚)
- 前身頃 (1枚) わ
- 衿ぐりバイアス布 (1枚) 50
- 前アンダースカート (1枚)
- 後ろアンダースカート (2枚)
- 1.5・1.5・3.5・4・4

パターン寸法

- 5.5・6.5・7・8
- 1
- 8・10 カットする
- 13
- 前 / 後ろ
- 5・6
- タック
- 中央タック
- あき止まり（後ろ）
- 前中心わ・後ろ中心縫い目
- 前アンダースカート / 後ろアンダースカート
- 3
- 13・16・18.5・21

＊7 表スカートのあきにアンダースカートをまつる

- アンダースカート（裏）
- 縫わない3
- あき止まり
- 後ろ中心

↓

- 表スカート
- ①表スカートをアンダースカート端にまつる
- アンダースカート（裏）
- ②表スカートの持ち出しを引き込んで縫い代のみを縫いとめる
- ③まつる
- あき止まり
- 表スカート

③ ▷p.06
ボータイ付き
2段ティアードワンピース

実物大型紙　前・後ろ身頃AB面、袖B面

材料
表布（リバティプリント）
　…110cm幅210cm
薄手接着芯…90×30cm
0.6cm幅ゴムテープ…40cm
1.2cm径ボタン…5個

型紙・裁断のポイント
＊スカート、ボータイは型紙がないので、製図の寸法で裁つ。

作り方
＊見返し、ボータイの裏面に接着芯を貼る。
1. 前身頃と後ろ身頃を中表に合わせて肩と脇を縫う。
2. 見返しの上端を作る。→p.55＊2
3. ボータイを作り、身頃の衿につける。→p.55＊3
4. 袖を作る。袖下にゴムテープ通し口を縫い残す。→p.55＊4
5. 袖と身頃を中表に合わせて縫う。（袖のつけ方はp.44参照）
6. スカートを作る。上段、下段の脇、後ろ中心をそれぞれ合わせて縫い、縫い代は2枚一緒にジグザグミシンをかけて前側に倒す。
7. 下段の裾の縫い代を三つ折りにして縫う。
8. 下段の上側にギャザーを寄せて、上段と縫い合わせる。縫い代は2枚一緒にジグザグミシンをかけて上側に倒す。
9. 上段のウエストにギャザーを寄せて身頃と中表に合わせてウエストを縫う。縫い代は2枚一緒にジグザグミシンをかけて上側に倒す。
10. 身頃にボタンホールをあけ、ボタンをつける。（ボタンホールの作り方、ボタンのつけ方はp.47参照）
11. 袖口にゴムテープを通す。→p.55＊11

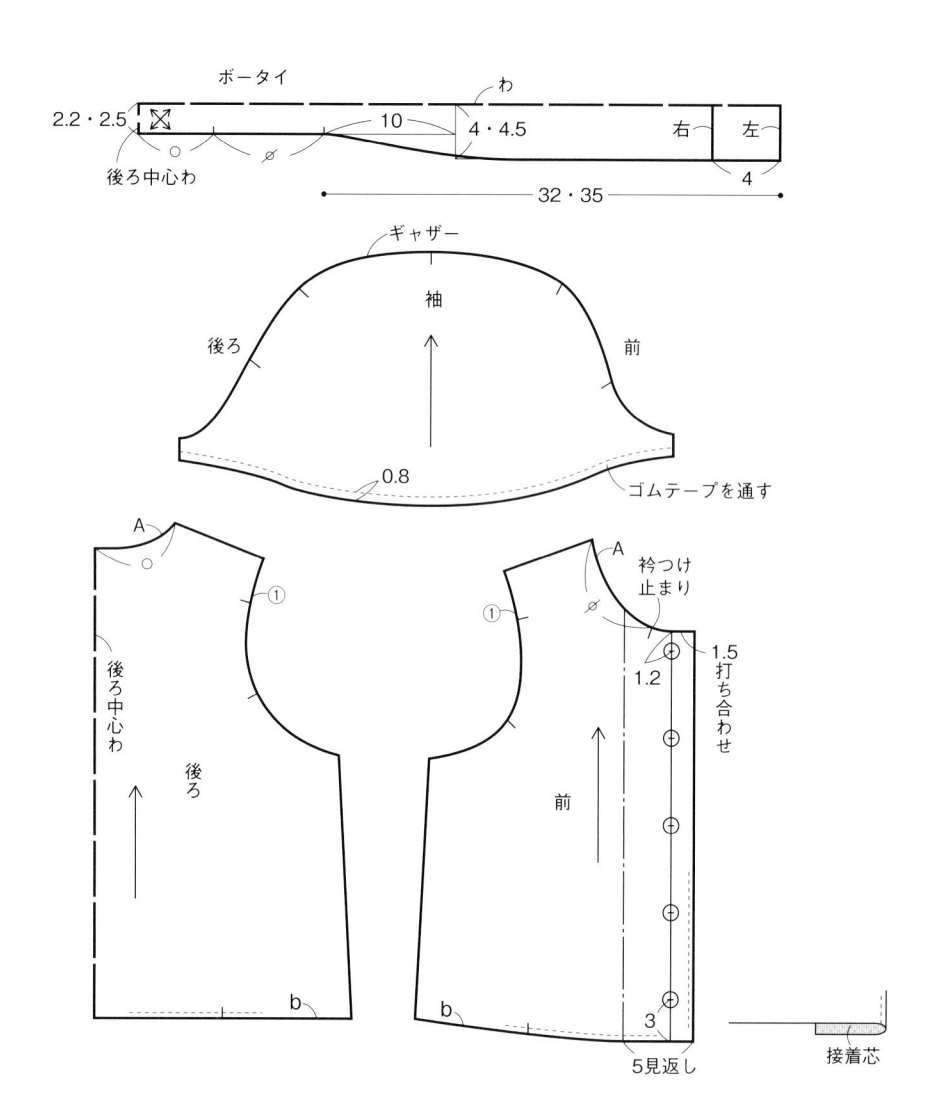

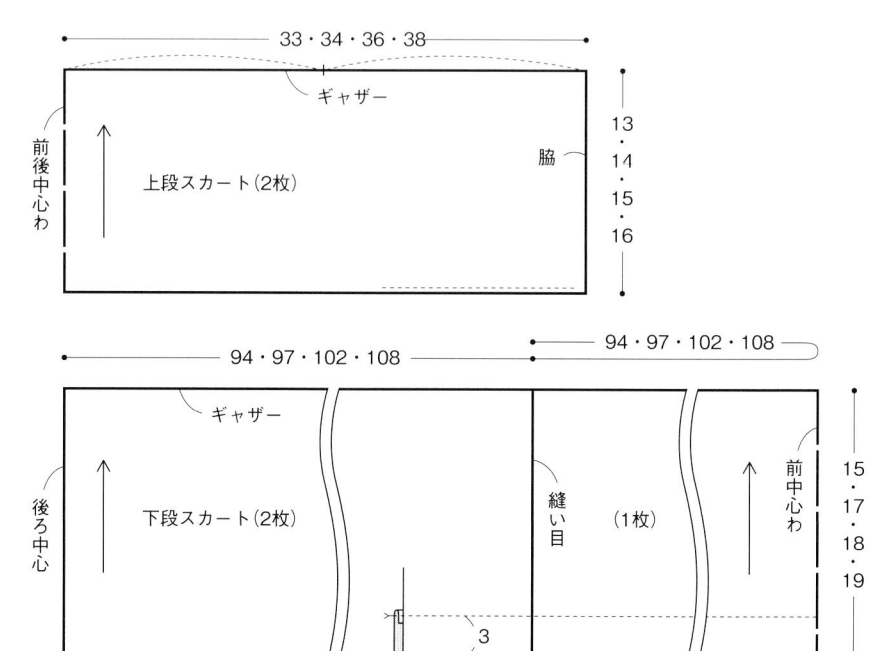

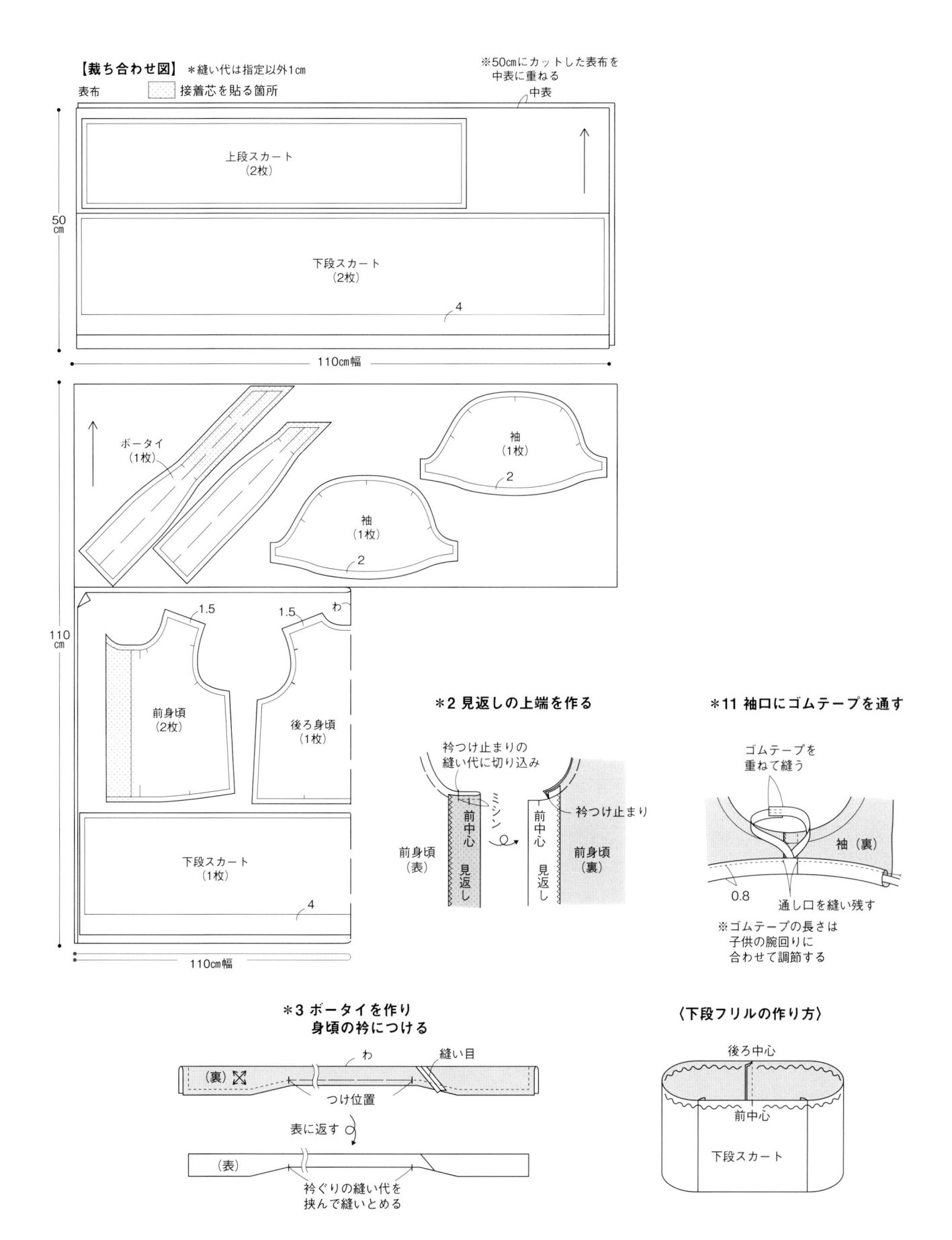

【裁ち合わせ図】 ＊縫い代は指定以外1cm
表布　　　接着芯を貼る箇所

※50cmにカットした表布を中表に重ねる
中表

上段スカート（2枚）

下段スカート（2枚）　4

50cm
110cm幅

ボータイ（1枚）
袖（1枚）　2
袖（1枚）　2

1.5　1.5　わ
前身頃（2枚）
後ろ身頃（1枚）

下段スカート（1枚）　4

110cm
110cm幅

＊2 見返しの上端を作る

衿つけ止まりの縫い代に切り込み
ミシン
前中心
前身頃（表）
見返し
衿つけ止まり
前中心
前身頃（裏）
見返し

＊11 袖口にゴムテープを通す

ゴムテープを重ねて縫う
袖（裏）
0.8
通し口を縫い残す
※ゴムテープの長さは子供の腕回りに合わせて調節する

＊3 ボータイを作り身頃の衿につける

（裏）
わ　縫い目
つけ位置
表に返す
（表）
衿ぐりの縫い代を挟んで縫いとめる

〈下段フリルの作り方〉

後ろ中心
前中心
下段スカート

④ ▷p.08
ボーダーレースの パフスリーブワンピース

実物大型紙　前・後ろ身頃AB面、スカートB面、袖B面、カフスB面

材料
表布(ボーダーレース)…110cm幅220cm
裏布(綿ローン・身頃分)…110cm幅30cm
薄手接着芯…90×30cm
1.5cm幅接着テープ…100cm
1cm径ボタン…4個
0.8cm径スナップ…2組

裁断のポイント
*身頃のウエスト、スカートの裾、ウエストリボンの端にレース柄を合わせて裁つ。

作り方
*見返し、持ち出しの裏面に接着芯を、表布の衿ぐり、袖ぐりのでき上がり線上の裏面に接着テープを貼る。
*前・後ろスカート脇の縫い代端にジグザグミシンをかける。
1. 裏布をつけた身頃を作る。(裏布のつけ方はp.48参照し、袖ぐりは中表に縫わずに作る)
2. 袖を作る。(袖の作り方はp.44参照)
3. 身頃と袖を中表に合わせて縫う。(袖のつけ方はp.44参照)
4. 後ろスカート2枚を中表に合わせて後ろ中心を縫い、あきを作る。(あきの作り方はp.45参照)
5. 前・後ろスカートを中表に合わせて脇を縫い、縫い代を割る。
6. スカートのウエストにギャザーを寄せ、身頃の表布を上に重ねてウエストを縫う(ウエストは細かいジグザグミシンで縫いとめる)。裏布はウエストをでき上がりに折り、スカートの縫い代にかぶせてまつる。(→p.51*7参照)
7. ウエストリボンを作り、身頃の脇につける。→p.57*7
8. 身頃にボタンホールをあけ、ボタンをつける。スカートあきにスナップをつける。(ボタンホールの作り方、ボタン、スナップのつけ方はp.47参照)

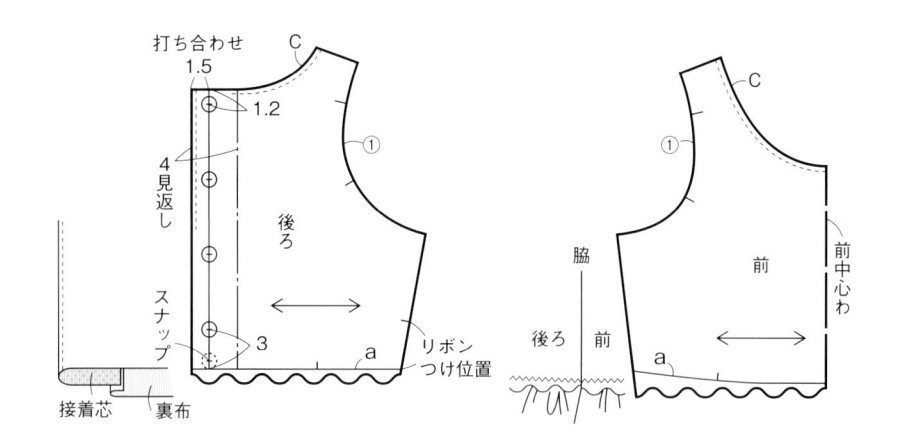

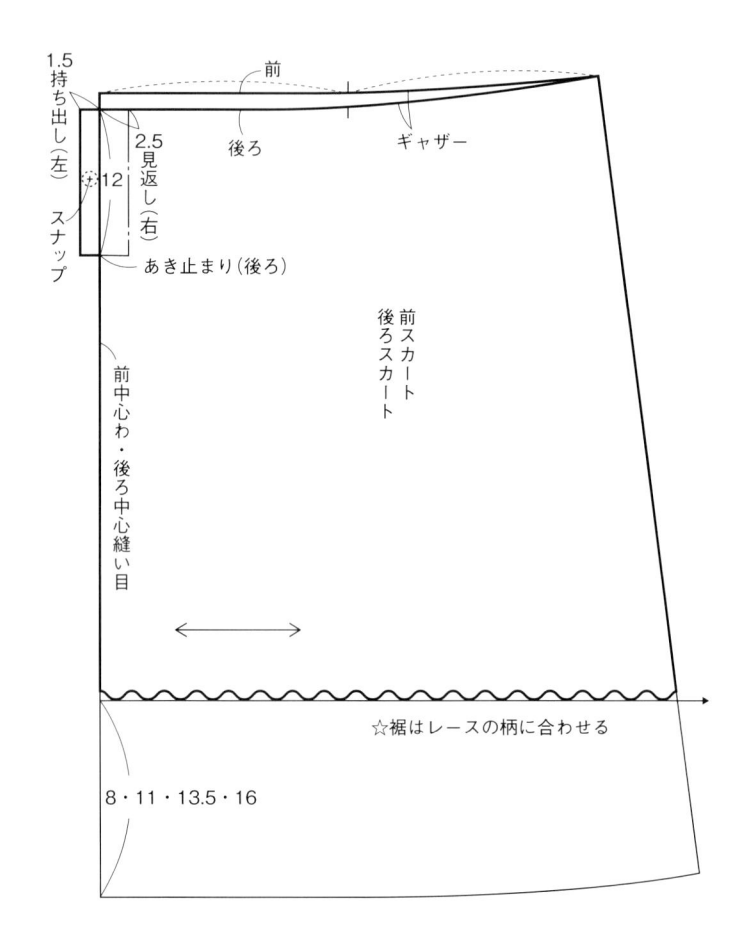

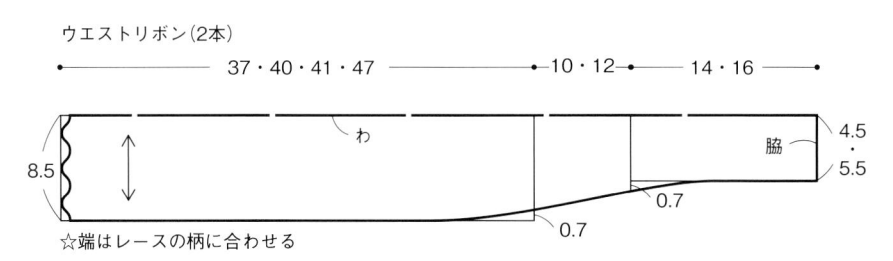

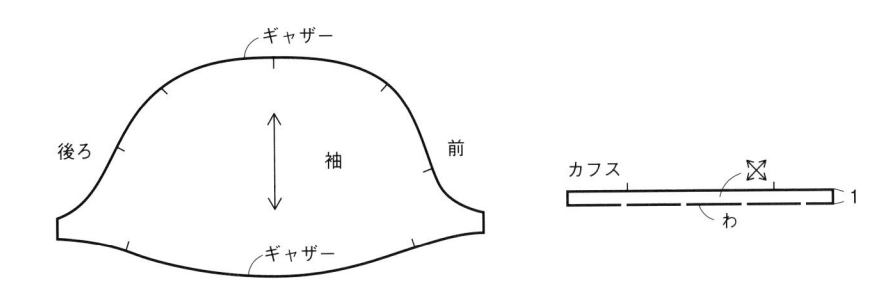

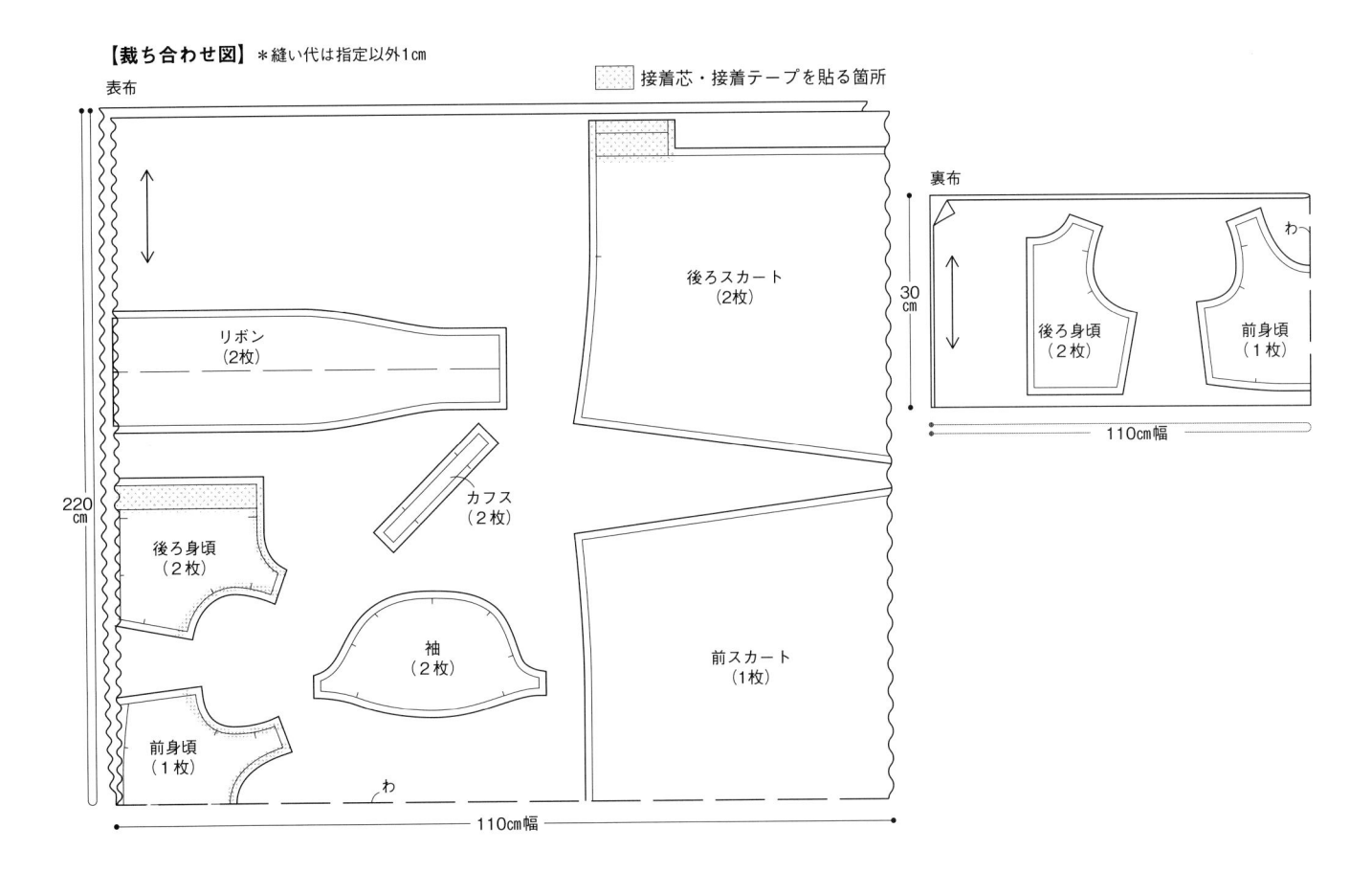

【裁ち合わせ図】 *縫い代は指定以外1cm

▨ 接着芯・接着テープを貼る箇所

- ギャザー
- 後ろ
- 袖
- 前
- ギャザー
- カフス
- わ
- 1

表布
- リボン（2枚）
- 後ろスカート（2枚）
- 後ろ身頃（2枚）
- カフス（2枚）
- 袖（2枚）
- 前身頃（1枚）
- 前スカート（1枚）
- わ
- 220cm
- 110cm幅

裏布
- 後ろ身頃（2枚）
- 前身頃（1枚）
- わ
- 30cm
- 110cm幅

*7 ウエストリボンを作り身頃の脇につける

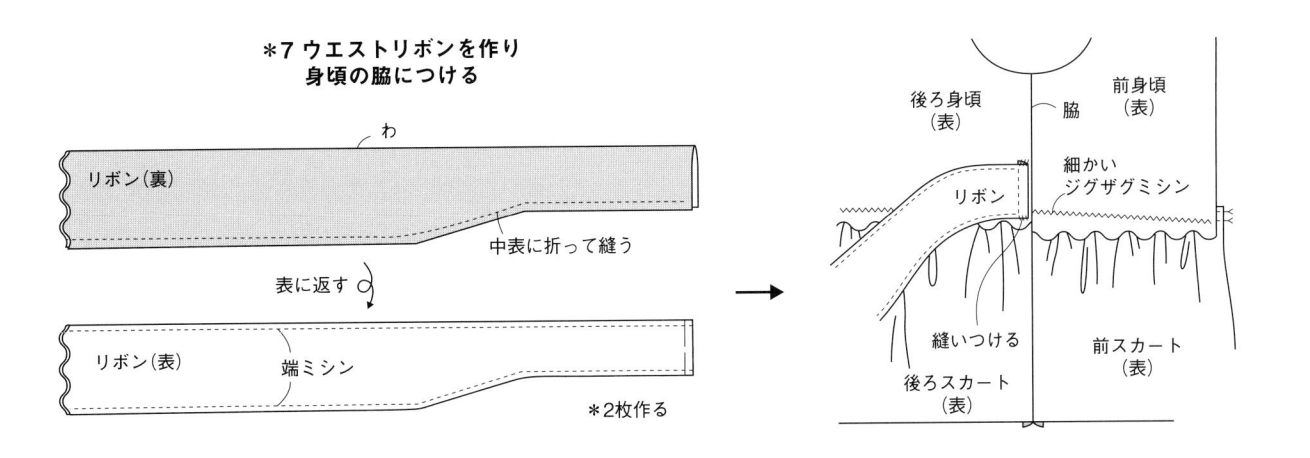

- リボン（裏）
- わ
- 中表に折って縫う
- 表に返す
- リボン（表）
- 端ミシン
- *2枚作る

- 後ろ身頃（表）
- 前身頃（表）
- 脇
- リボン
- 細かいジグザグミシン
- 縫いつける
- 後ろスカート（表）
- 前スカート（表）

⑤ ▷p.10

フレンチスリーブ
ワンピース

実物大型紙　前・後ろ身頃AB面、スカートB面、
つけ衿A面、ポケット袋布A面

材料
表布(サマーウール)…148cm幅100cm
別布(ブロード)…112cm幅40cm
裏布(綿ローン・身頃分)…110cm幅35cm
薄手接着芯…90×30cm
1.5cm幅接着テープ…150cm
0.7cm幅レース…50cm
2.7cm幅ベルト芯…80cm
2.5cm幅両折りバイアステープ…80cm
2.7cm幅バックル…1個
1cm径ボタン…5個
0.8cm径スナップ…1組／かぎホック…1組

裁断のポイント
*ベルトは型紙がないので、製図の寸法で裁つ。

作り方
*見返し、持ち出し、表衿、前スカートの脇ポケットつけ位置の裏面に接着芯を、表布の衿ぐり、袖ぐりのでき上がり線上の裏面に接着テープを貼る。
*前・後ろスカート脇の縫い代端にジグザグミシンをかける。
1. 裏布をつけた身頃を作る。(裏布のつけ方はp.48参照)
2. 後ろスカート2枚を中表に合わせて後ろ中心を縫う。縫い代は2枚一緒にジグザグミシンをかけて右側に倒し、あきを作る。(あきの作り方はp.45参照)
3. 前スカートにプリーツをたたむ。
4. 前・後ろスカートを中表に合わせて脇を縫い、縫い代を割る。ポケットをつける。(→p.75*6参照)
5. 身頃の表布とスカートを中表に合わせてウエストを縫う。
6. 裏布はウエストをでき上がりに折り、スカートの縫い代にかぶせてまつる。(→p.51 *7参照)
7. 裾にジグザグミシンをかけて縫い代を折り、奥まつりする。
8. 身頃にボタンホールをあけ、ボタンをつける。スカートあきにスナップをつける。(ボタンホールの作り方、ボタン、スナップのつけ方はp.47参照)
9. ベルトを作る。→*9
10. 衿を作り、衿ぐりにつける。→p.59*10

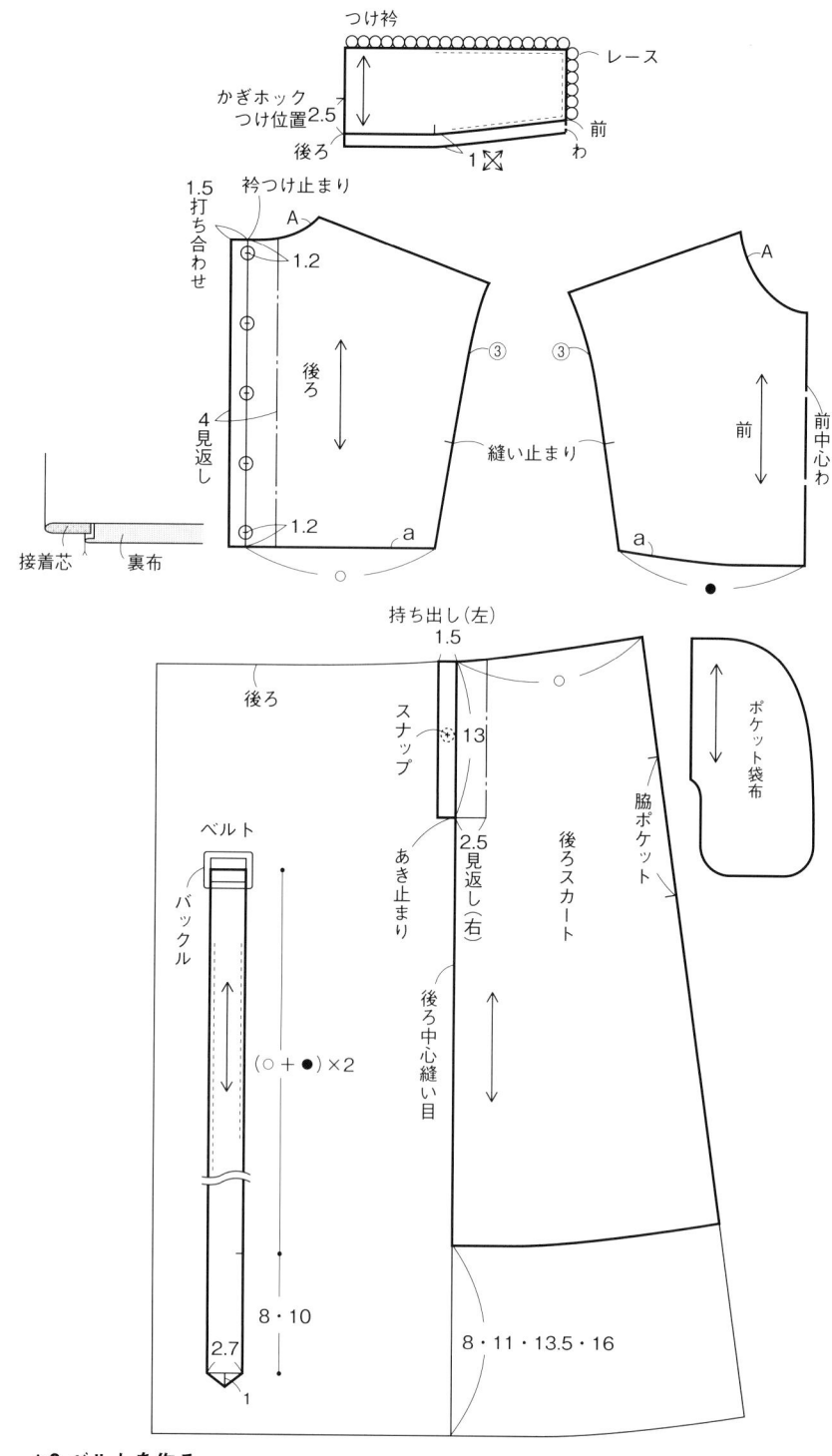

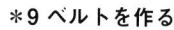

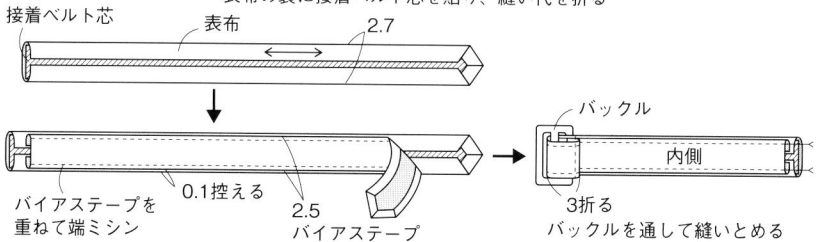

前

脇ポケット口

前スカート

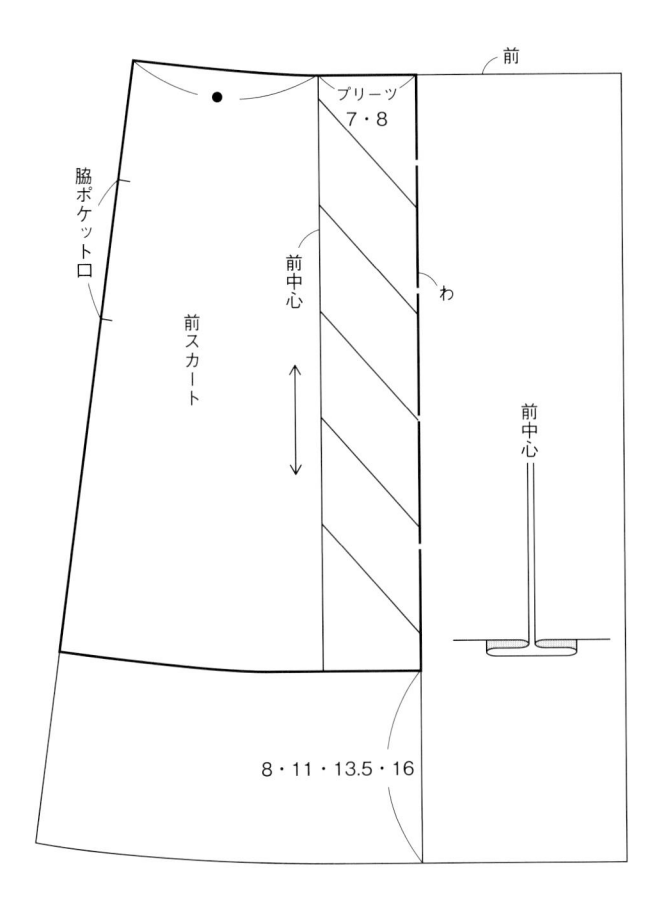

前中心

プリーツ 7・8

わ

前中心

8・11・13.5・16

【裁ち合わせ図】 ＊縫い代は指定以外1cm

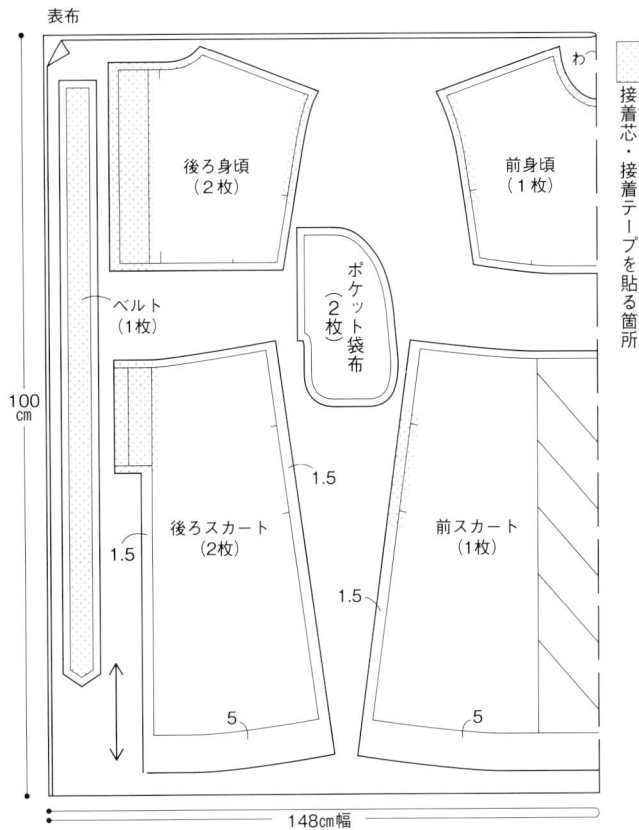

表布

後ろ身頃（2枚）

前身頃（1枚）

ベルト（1枚）

ポケット袋布（2枚）

後ろスカート（2枚）

前スカート（1枚）

1.5　1.5　1.5

5　5

100cm

148cm幅

接着芯・接着テープを貼る箇所

わ

裏布

後ろ身頃（2枚）

前身頃（1枚）

35cm

110cm幅

わ

別布

表衿のみ接着芯を貼る

衿（1枚）

衿（1枚）

4

40

衿つけ側バイアス布（1枚）

ポケット袋布（2枚）

40cm

112cm幅

わ

＊10 衿を作り、衿ぐりにつける

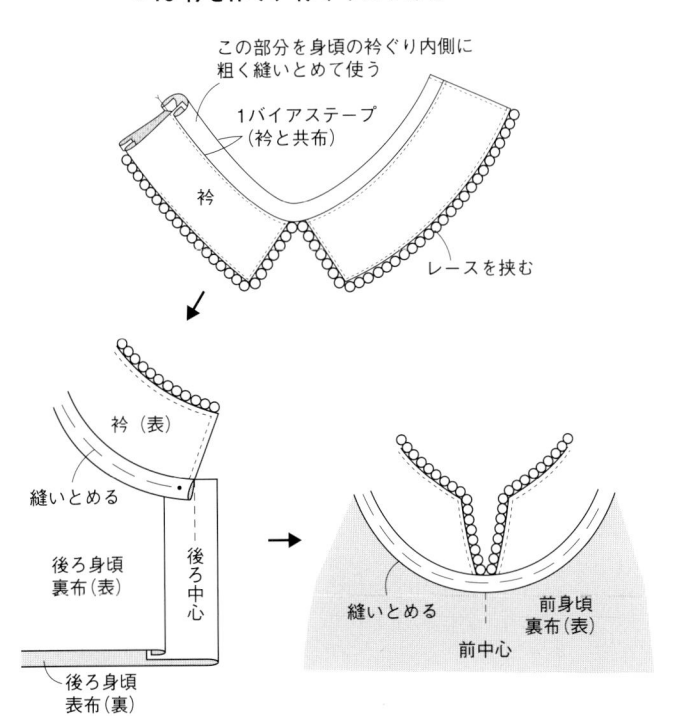

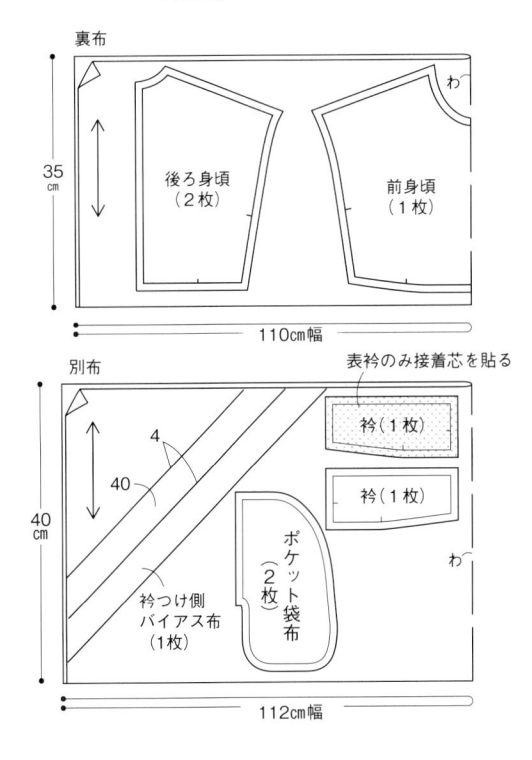

この部分を身頃の衿ぐり内側に粗く縫いとめて使う

1バイアステープ（衿と共布）

衿

レースを挟む

衿（表）

縫いとめる

後ろ身頃裏布（表）

後ろ中心

後ろ身頃表布（裏）

縫いとめる

前身頃裏布（表）

前中心

⑥ ▷p.12
パンジーの ノースリーブワンピース

実物大型紙　前・後ろ身頃AB面、スカートB面

材料
表布(リバティプリント)…[90・100cm]110cm幅165cm
[110・120cm]110cm幅195cm
裏布(綿ローン・身頃分)…110cm幅30cm
薄手接着芯…90×35cm
1.5cm幅接着テープ…130cm
1cm径ボタン…5個
0.8cm径スナップ…1組
4cm幅サテンリボン…150cm

作り方
*後ろ身頃端、見返しの裏面に接着芯を、表布の衿ぐり、袖ぐりのでき上がり線上の裏面に接着テープを貼る。
1. 裏布をつけた身頃を作る。(裏布のつけ方はp.48を参照し、見返しをつけずに作る)
2. 後ろスカート2枚を中表に合わせて後ろ中心を縫い、あきを作る。(あきの作り方はp.45参照)
3. 前・後ろスカートを中表に合わせて脇を縫う。縫い代は2枚一緒にジグザグミシンをかけて前側に倒す。
4. 裾の縫い代を三つ折りにして縫う。
5. スカートのウエストにギャザーを寄せ、身頃の表布と中表に合わせてウエストを縫う。裏布はウエストをでき上がりに折り、スカートの縫い代にかぶせてまつる。(→p.51 *7参照)
6. 身頃にボタンホールをあけ、ボタンをつける。スカートあきにスナップをつける。(ボタンホールの作り方、ボタン、スナップのつけ方はp.47参照)

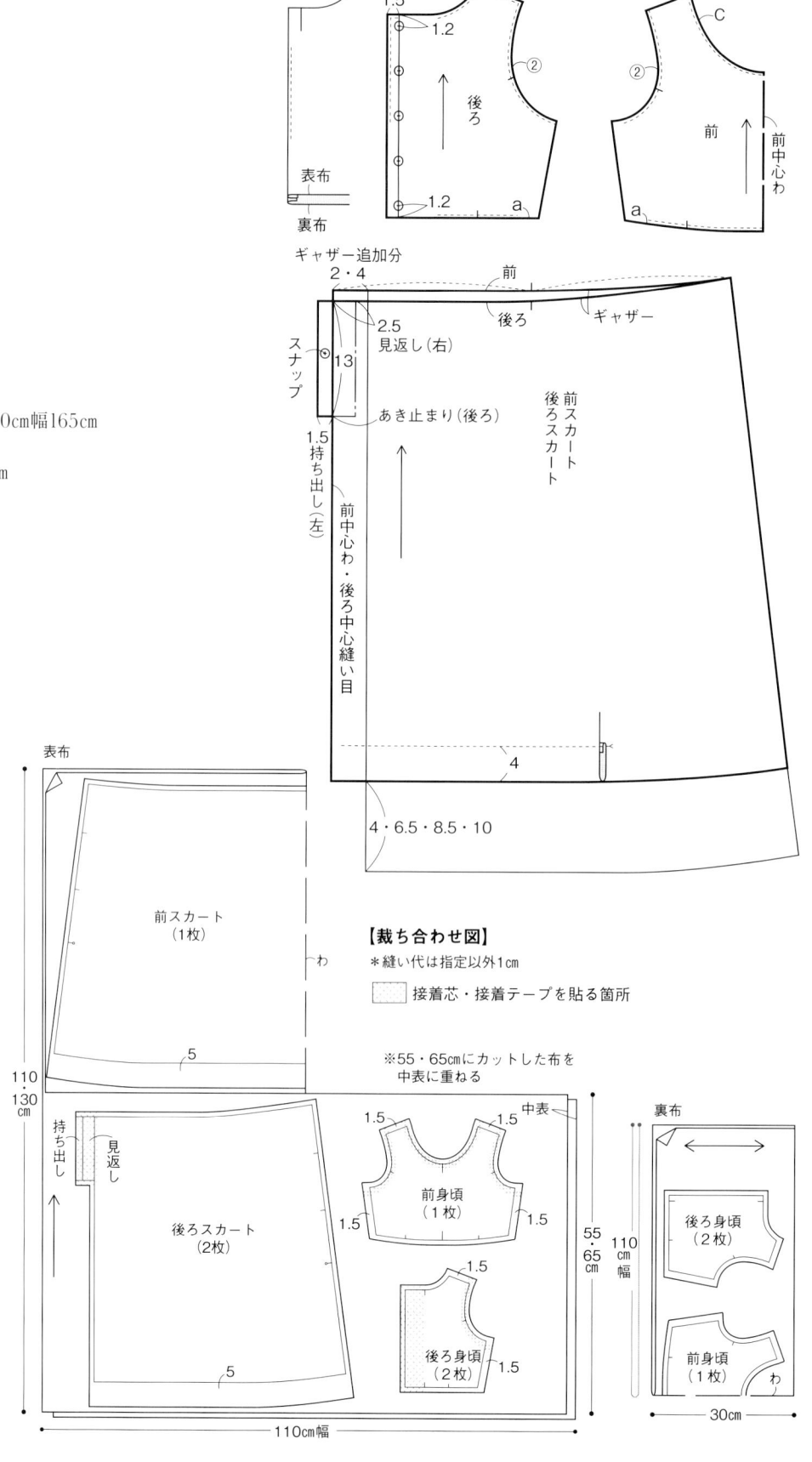

【裁ち合わせ図】
*縫い代は指定以外1cm
▨ 接着芯・接着テープを貼る箇所

⑧ ▷p.15
トラッドチェックの
バイアススカートワンピース

実物大型紙　前・後ろ身頃AB面、スカートB面

材料
表布（トラッドチェック）
　…114cm幅220cm
裏布（綿ローン・身頃分）
　…110cm幅30cm
薄手接着芯…90×35cm
1.5cm幅接着テープ…140cm
2cm径ボタン…5個
0.8cm径スナップ…1組

裁断のポイント
＊スカートはバイアス地で、前・後ろ中心をわに裁つ。

作り方
＊見返しの裏面に接着芯を、表布の衿ぐり、袖ぐりのでき上がり線上の裏面に接着テープを貼る。
1. 裏布をつけた身頃を作る。（裏布のつけ方はp.48参照）
2. 後ろスカートのダーツを縫い、あきを作る。→p.62＊2
3. 前・後ろスカートを中表に合わせて脇を縫い、縫い代は2枚一緒にジグザグミシンをかけて前側に倒す。
4. 裾にジグザグミシンをかけて縫い代を折り上げ、ミシンで縫いとめる。
5. スカートのウエストにギャザーを寄せ、身頃の表布と中表に合わせてウエストを縫う。
6. 裏布はウエストをでき上がりに折り、スカートの縫い代にかぶせてまつる。（→p.51＊7参照）
7. 身頃にボタンホールをあけ、ボタンをつける。スカートあきにスナップをつける。（ボタンホールの作り方、ボタン、スナップのつけ方はp.47参照）

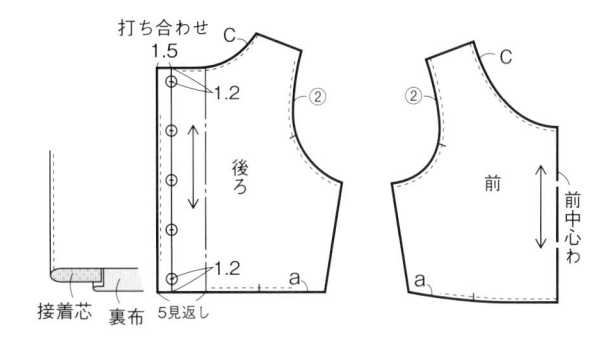

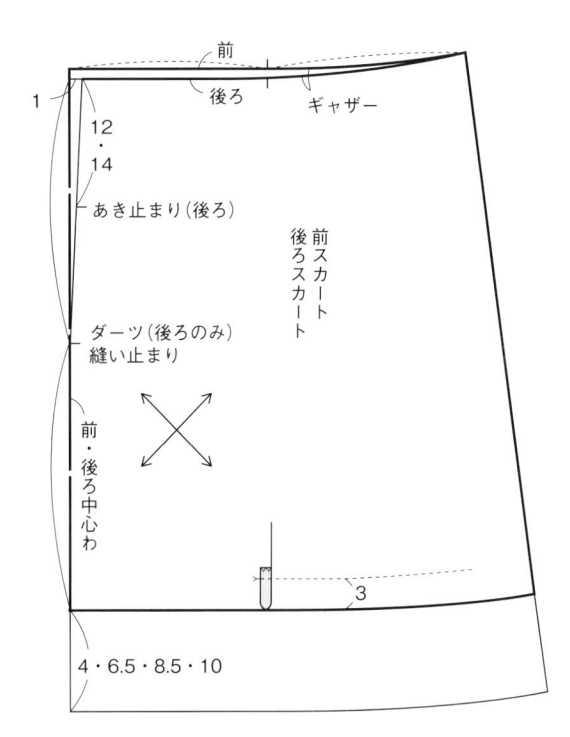

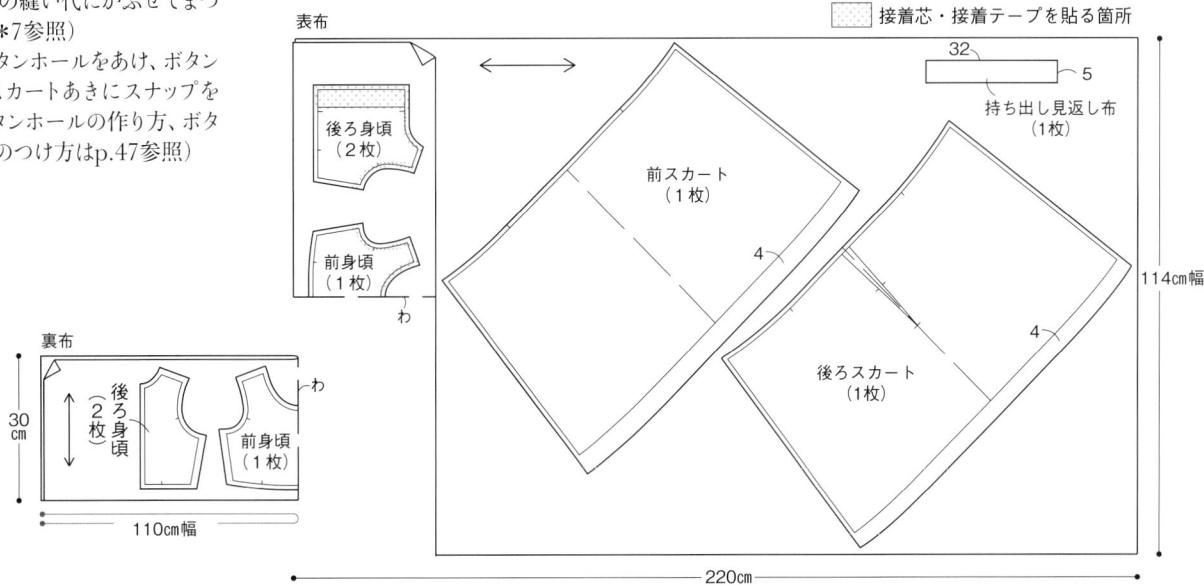

【裁ち合わせ図】　＊縫い代は指定以外1cm

*2 後ろスカートのダーツを縫い、あきを作る

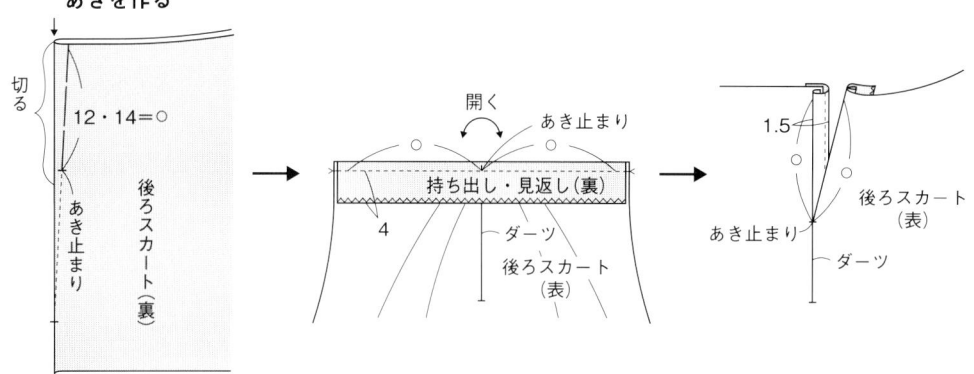

⑦ ▷p.14
水玉ブロードの3段ティアードワンピース

実物大型紙　前・後ろ身頃AB面、スカートB面

材料
表布・裏布（水玉ブロード）
　…[90・100cm]110cm幅170cm
　　[110・120cm]110cm幅220cm
薄手接着芯…90×30cm
1.5cm幅接着テープ…140cm
1cm径ボタン…5個
0.8cm径スナップ…1組

裁断のポイント
*中段、下段スカートは型紙がないので、製図の寸法で裁つ。
*後ろ身頃は打ち合わせ端でわに裁つ（身頃は表布と裏布が共布）。

作り方
*後ろ身頃の打ち合わせ部分、見返し、持ち出しの裏面に接着芯を、表布の衿ぐり、袖ぐりのでき上がり線上の裏面に接着テープを貼る。
1. 裏布をつけた身頃を作る。（裏布のつけ方はp.48参照）
2. 後ろ上段スカート2枚を中表に合わせて後ろ中心を縫い、あきを作る。（あきの作り方はp.45参照）
3. 前・後ろ上段スカートを中表に合わせて脇を縫う。縫い代は2枚一緒にジグザグミシンをかけて前側に倒す。
4. 中段・下段スカートをそれぞれ縫い合わせ、縫い代は2枚一緒にジグザグミシンをかけ、片側に倒す。
5. 中段・下段スカートにギャザーを寄せ、それぞれ上段・中段スカートと中表に合わせて縫う。縫い代は2枚一緒にジグザグミシンをかけて上側に倒す。
6. スカートのウエストにギャザーを寄せ、身頃の表布と中表に合わせて縫う。
7. 裾にジグザグミシンをかけて縫い代を折り上げ、ミシンで縫いとめる。
8. 裏布はウエストの縫い代にジグザグミシンをかけ、スカートの縫い代にかぶせて奥まつりする。→p.63*7参照
9. 身頃にボタンホールをあけ、ボタンをつける。スカートあきにスナップをつける。（ボタンホールの作り方、ボタン、スナップのつけ方はp.47参照）

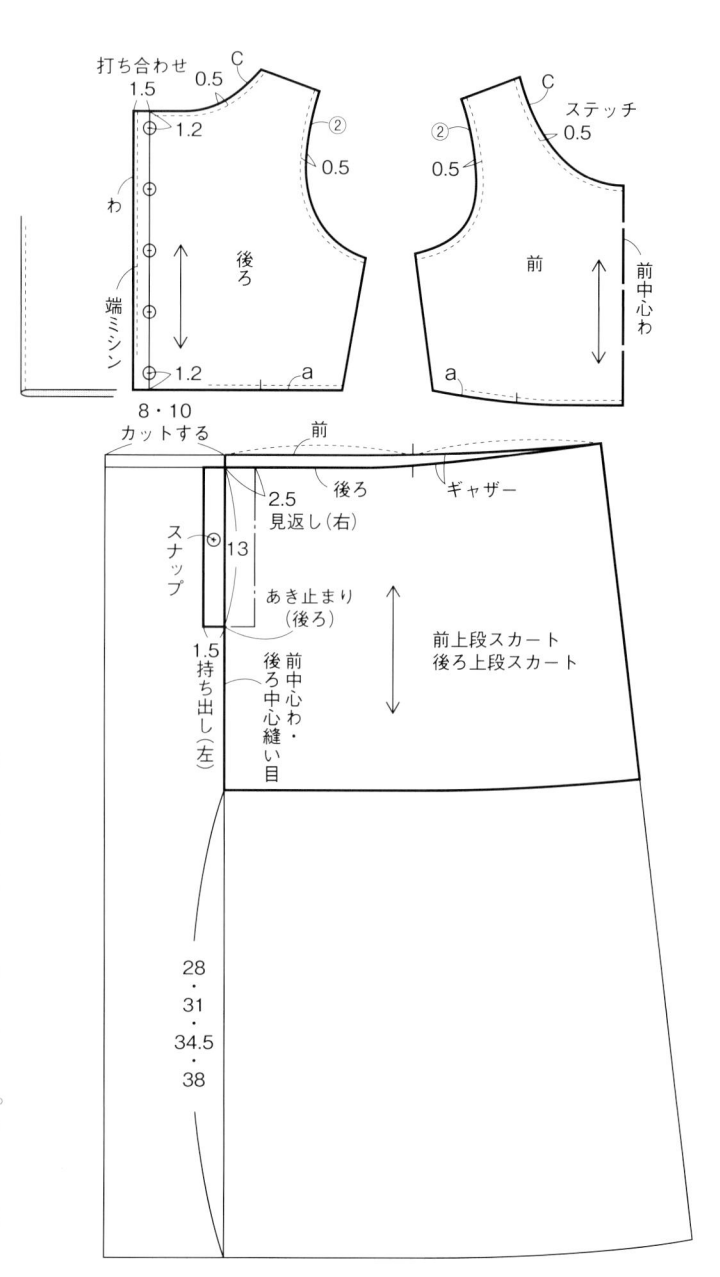

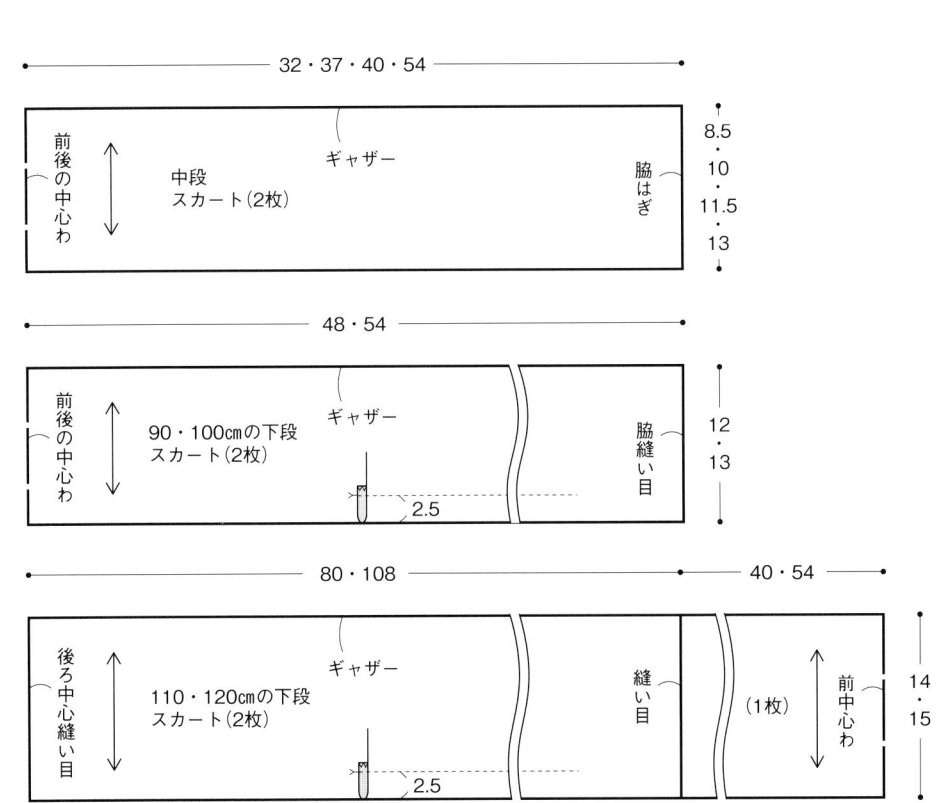

【裁ち合わせ図】 *縫い代は指定以外1cm

表布　接着芯・接着テープを貼る箇所

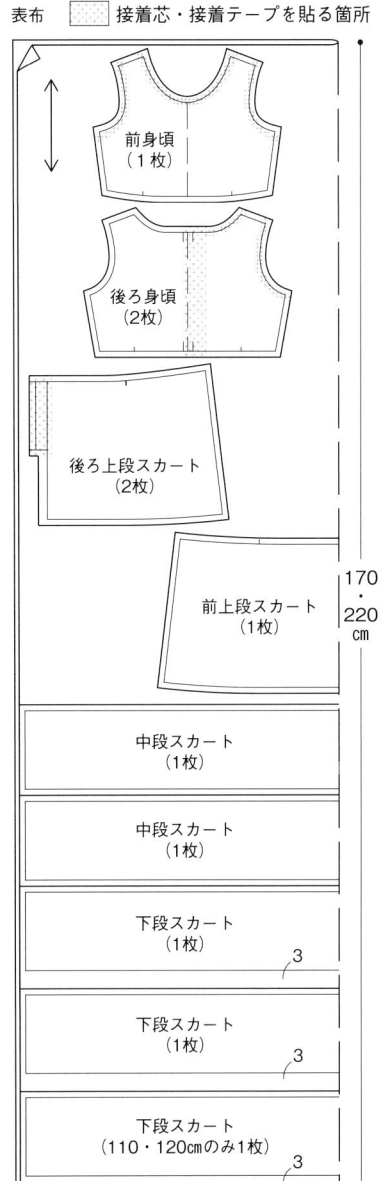

- 32・37・40・54
- 前後の中心わ
- 中段スカート（2枚）
- ギャザー
- 脇はぎ
- 8.5
- 10
- 11.5
- 13

- 48・54
- 前後の中心わ
- 90・100cmの下段スカート（2枚）
- ギャザー
- 2.5
- 脇縫い目
- 12
- 13

- 80・108
- 40・54
- 後ろ中心縫い目
- 110・120cmの下段スカート（2枚）
- ギャザー
- 2.5
- 縫い目
- （1枚）
- 前中心わ
- 14
- 15

〈110・120cmの下段フリルの作り方〉

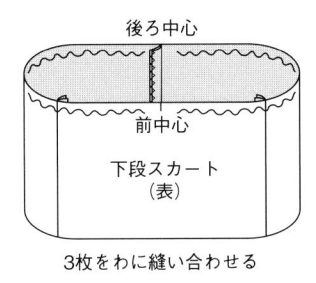

後ろ中心
前中心
下段スカート（表）
3枚をわに縫い合わせる

*7 裏布をスカートの縫い代にかぶせてまつる

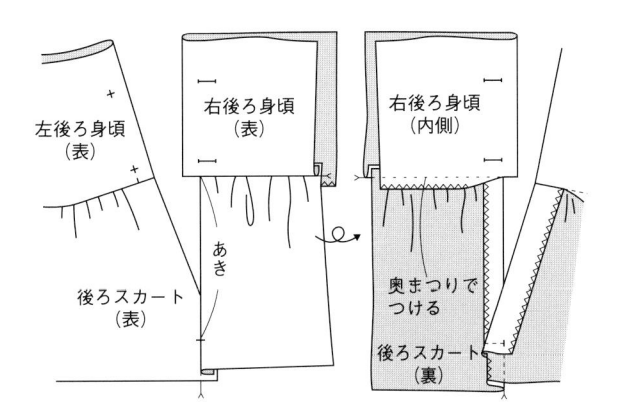

前身頃（1枚）
後ろ身頃（2枚）
後ろ上段スカート（2枚）
前上段スカート（1枚）
中段スカート（1枚）
中段スカート（1枚）
下段スカート（1枚） 3
下段スカート（1枚） 3
下段スカート（110・120cmのみ1枚） 3

170・220cm

110cm幅

左後ろ身頃（表）
右後ろ身頃（表）
右後ろ身頃（内側）
あき
後ろスカート（表）
奥まつりでつける
後ろスカート（裏）

9 ▷ p.16
リバティプリントの
パフスリーブワンピース

実物大型紙　前・後ろ身頃AB面、スカートB面、袖B面、カフスB面

材料
表布（リバティプリント）
　…110cm幅200cm
薄手接着芯…90×30cm
1cm径ボタン…5個
0.8cm径スナップ…1組
4cm幅サテンリボン…150cm

10 ▷ p.17
クロスステッチ刺しゅうの
カントリーワンピース

実物大型紙　前・後ろ身頃AB面、スカートB面、袖B面、カフスB面

材料
表布（ボーダー刺しゅう）
　…107cm幅230cm
薄手接着芯…90×30cm
1cm径ボタン…5個
0.8cm径スナップ…1組
4cm幅リボン…140cm

裁断のポイント
＊前身頃はタック分を加えて粗裁ちする（共通）。
＊⑩は前身頃のウエスト、スカートの裾に刺しゅう柄を合わせて裁つ。

作り方（⑨・⑩共通）
＊見返し、持ち出し、カフスの裏面に接着芯を貼る。
1. 粗裁ちした前身頃のピンタックを縫い、裁ち直す。（ピンタックの縫い方はp.40参照）
2. 前身頃と後ろ身頃を中表に合わせて肩と脇を縫う。
3. 見返しを折り、衿ぐりを縁どる。→p.65＊3
4. 袖を作る。（袖の作り方はp.44参照）
5. 袖と身頃を中表に合わせて縫う。（袖のつけ方はp.44参照）
6. 後ろスカート2枚を中表に合わせて後ろ中心を縫い、あきを作る（あきの作り方はp.45参照）
7. 前・後ろスカートを中表に合わせて脇を縫い、縫い代は2枚一緒にジグザグミシンをかけて前側に倒す。
8. ⑨は裾の縫い代を三つ折りにして縫う。⑩はレースの縁をまつる。（レースの縁のまつり方はp.45の7参照）
9. スカートのウエストにギャザーを寄せて身頃と中表に合わせてウエストを縫う。縫い代は2枚一緒にジグザグミシンをかけて上側に倒す。
10. 身頃にボタンホールをあけ、ボタンをつける。スカートあきにスナップをつける。（ボタンホールの作り方、ボタン、スナップのつけ方はp.47参照）
11. ⑩は身頃の脇にリボンをつける。（→p.57＊7参照）

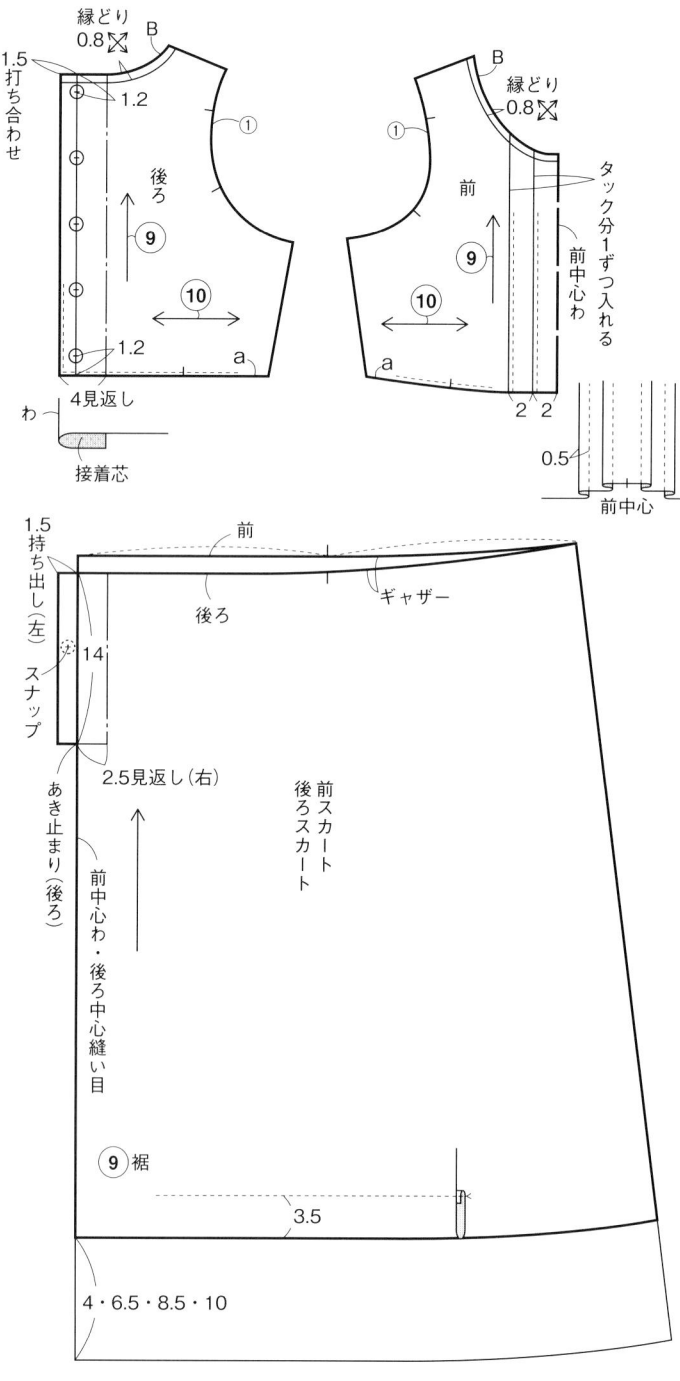

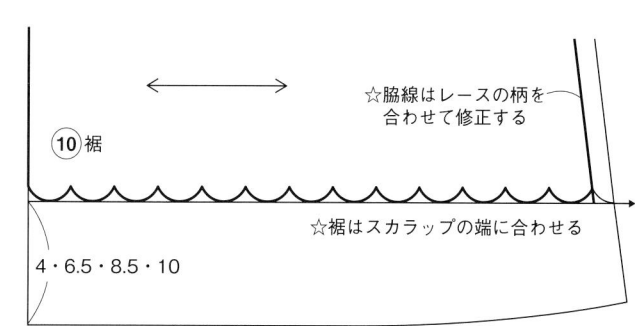

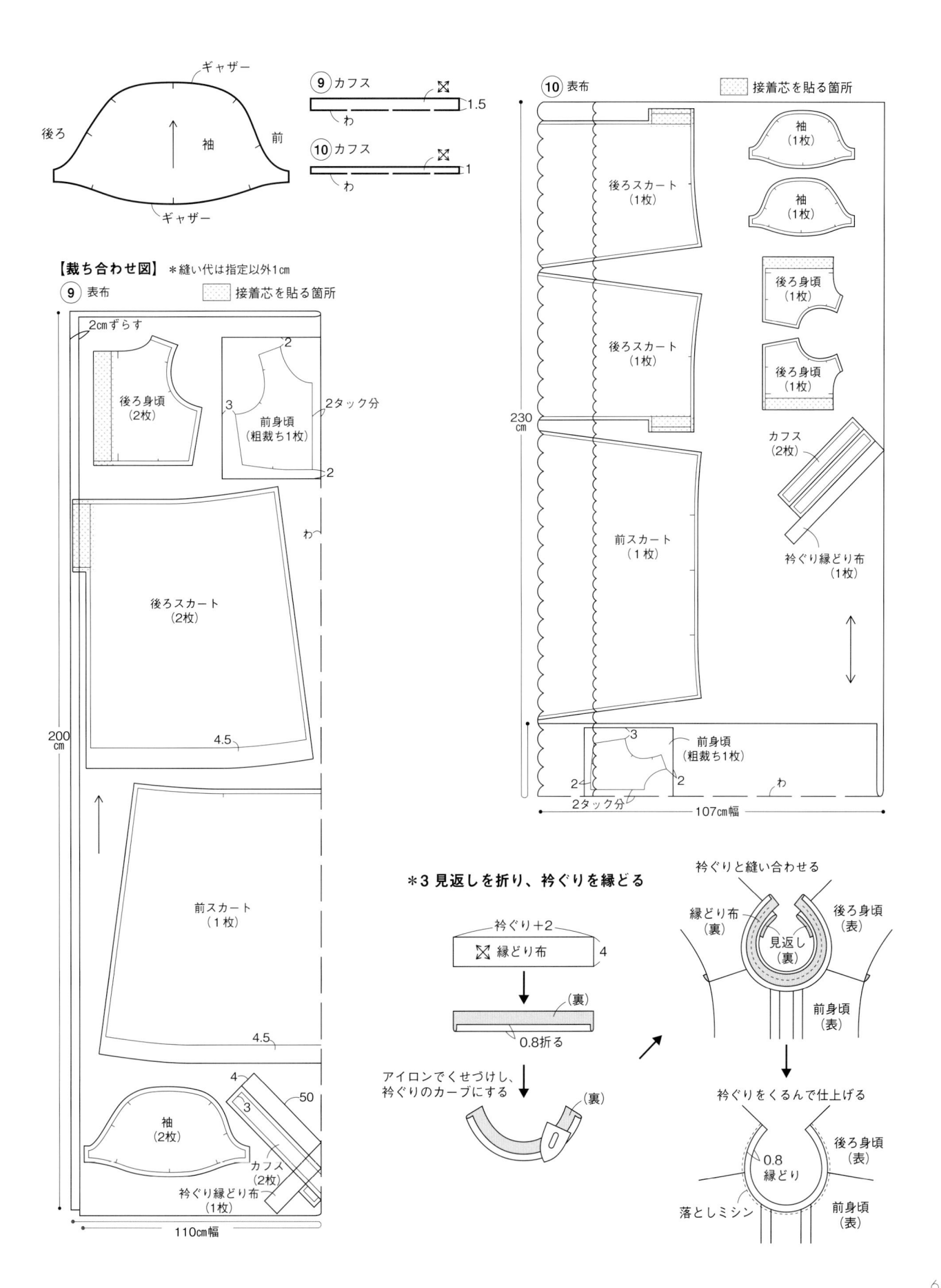

【裁ち合わせ図】 *縫い代は指定以外1cm

⑨ 袖
- ギャザー
- 後ろ / 前
- ギャザー

⑨ カフス 1.5 わ
⑩ カフス 1 わ

⑨ 表布　接着芯を貼る箇所
- 2cmずらす
- 後ろ身頃（2枚）2
- 前身頃（粗裁ち1枚）3, 2タック分, 2
- 後ろスカート（2枚）わ, 4.5
- 前スカート（1枚）4.5
- 袖（2枚）4
- カフス（2枚）3, 50
- 衿ぐり縁どり布（1枚）
- 200cm / 110cm幅

⑩ 表布　接着芯を貼る箇所
- 後ろスカート（1枚）×3
- 前スカート（1枚）
- 前身頃（粗裁ち1枚）3, 2, 2, 2タック分, わ
- 袖（1枚）×2
- 後ろ身頃（1枚）×2
- カフス（2枚）
- 衿ぐり縁どり布（1枚）
- 230cm / 107cm幅

*3 見返しを折り、衿ぐりを縁どる

縁どり布　衿ぐり+2　4
↓
0.8折る（裏）
↓
アイロンでくせづけし、衿ぐりのカーブにする（裏）

衿ぐりと縫い合わせる
- 縁どり布（裏）
- 後ろ身頃（表）
- 見返し（裏）
- 前身頃（表）

↓
衿ぐりをくるんで仕上げる
- 後ろ身頃（表）
- 0.8 縁どり
- 前身頃（表）
- 落としミシン

⑪ ⑫ ▷p.18
姉妹の
キャミソールワンピース

実物大型紙　前身頃AB面、スカートB面

材料
⑪
表布（リバティプリント）
　…110cm幅180cm
接着芯…90×15cm
0.6cm幅ゴムテープ…160cm

⑫
表布（ボーダーレース）
　…107cm幅230cm
0.6cm幅ゴムテープ…160cm

裁断のポイント
＊⑫は前身頃の胸元、スカートの裾にレース柄を合わせて裁つ。

作り方（⑪・⑫共通）
＊見返し奥、後ろスカートウエストの縫い代端にジグザグミシンをかける。
1. 肩ひもを作る。→＊1
2. ⑪は前身頃に同型の見返しを中表に合わせて肩ひもを挟み、袖ぐり〜上端を縫って表に返す。⑫は前身頃と見返しを中表に合わせて袖ぐりを縫う。表に返して見返しの上端をでき上がりに折って肩ひもを挟んで縫う。
3. 前スカートにギャザーを寄せ、前身頃と中表に合わせて縫う。縫い代は上側に倒す。
4. 3と後ろスカートを中表に合わせて脇を縫う。縫い代は2枚一緒にジグザグミシンをかけて前側に倒す。→p.67＊4
5. 後ろスカートにゴムテープを通してギャザーを寄せる。→p.67＊5
6. 前身頃の見返し奥を表側から端ミシンで押さえる。
7. 肩ひもは試着して長さを調節し、後ろスカートに縫いとめる。
8. ⑪は裾の縫い代を三つ折りにして縫う。

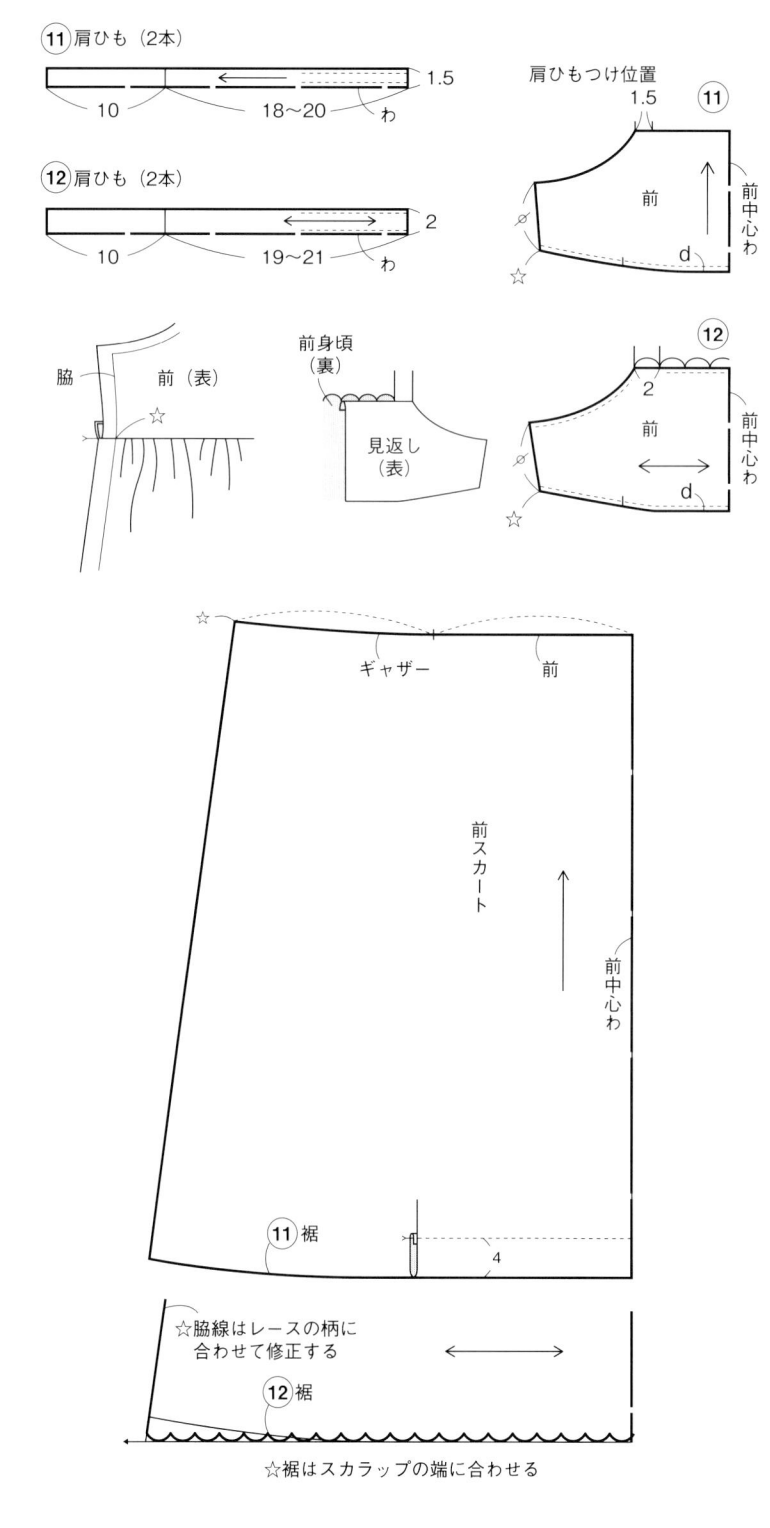

⑪肩ひも（2本）
10　18〜20　1.5　わ

⑫肩ひも（2本）
10　19〜21　2　わ

肩ひもつけ位置
⑪ 1.5
前
前中心わ
☆ ○ d

脇　前（表）　☆
前身頃（裏）　見返し（表）

⑫
2
前
前中心わ
☆ ○ d

☆
ギャザー　前
前スカート
前中心わ
⑪裾　4
☆脇線はレースの柄に合わせて修正する
⑫裾
☆裾はスカラップの端に合わせる

＊1 肩ひもを作る
四つ折りにして端ミシン

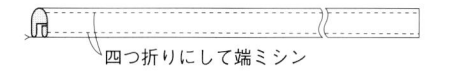

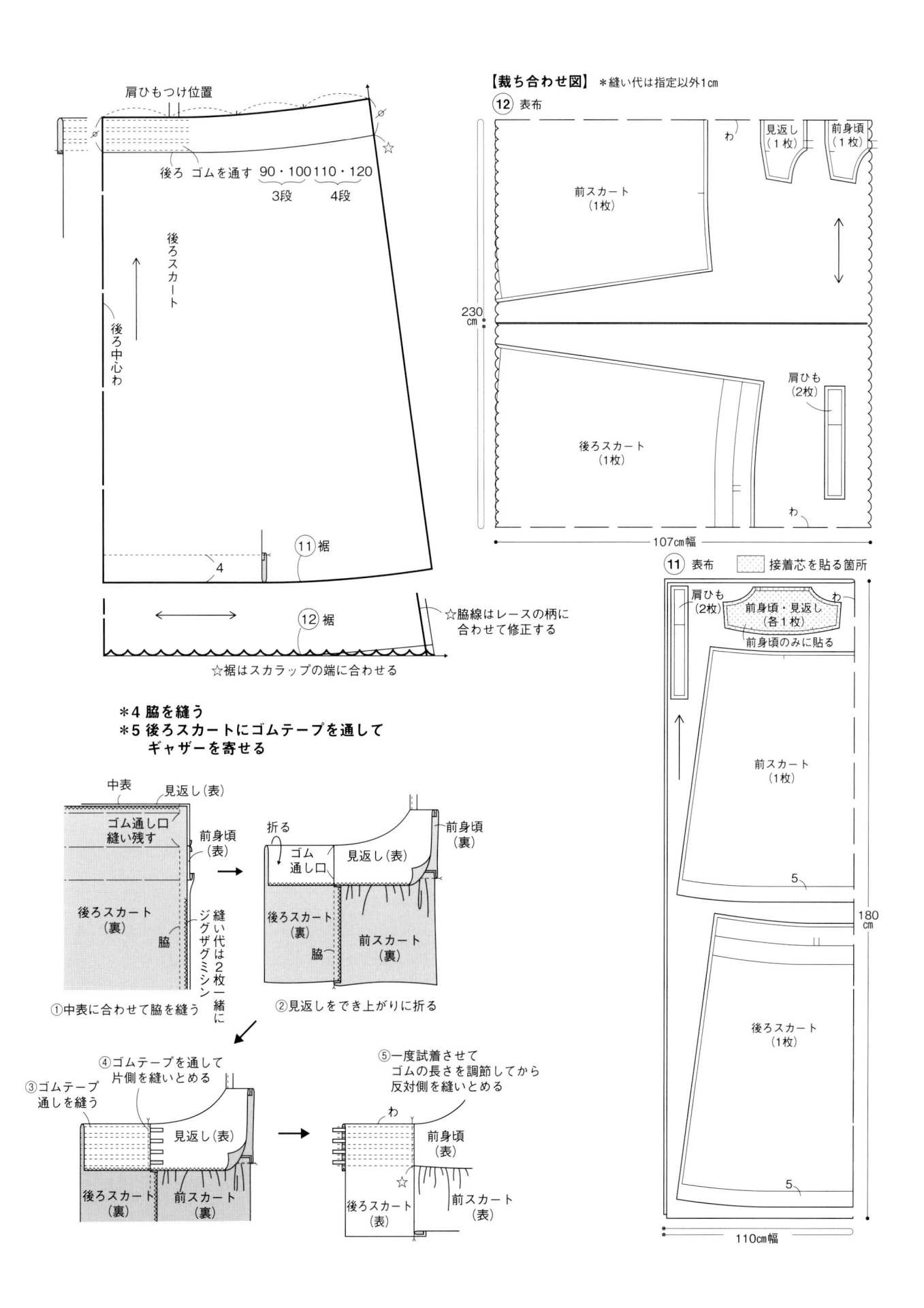

肩ひもつけ位置
後ろ ゴムを通す 90・100 110・120
3段 4段
後ろスカート
後ろ中心わ
⑪裾
4
⑫裾
☆脇線はレースの柄に合わせて修正する
☆裾はスカラップの端に合わせる

【裁ち合わせ図】 *縫い代は指定以外1cm

⑫ 表布
わ
見返し(1枚)
前身頃(1枚)
前スカート(1枚)
230cm
肩ひも(2枚)
後ろスカート(1枚)
わ
107cm幅

*4 脇を縫う
*5 後ろスカートにゴムテープを通して
　　ギャザーを寄せる

中表
見返し(表)
ゴム通し口縫い残す
前身頃(表)
後ろスカート(裏)
縫い代は2枚一緒にジグザグミシン
脇
①中表に合わせて脇を縫う

折る
ゴム通し口
見返し(表)
前身頃(裏)
後ろスカート(裏) 前スカート(裏)
脇
②見返しをでき上がりに折る

③ゴムテープ通しを縫う
④ゴムテープを通して片側を縫いとめる
見返し(表)
後ろスカート(裏) 前スカート(裏)

⑤一度試着させてゴムの長さを調節してから反対側を縫いとめる
わ
前身頃(表)
後ろスカート(表) 前スカート(表)
☆

⑪ 表布　接着芯を貼る箇所
肩ひも(2枚)
わ
前身頃・見返し(各1枚)
前身頃のみに貼る
前スカート(1枚)
5
180cm
後ろスカート(1枚)
5
110cm幅

⑭ ▷ p.24

コードレーンの
ウエストベルトワンピース

実物大型紙　前・後ろ身頃AB面、スカートB面、
袖B面、衿A面、ポケット袋布A面

材料
表布（コードレーン）…112cm幅170cm
別布（綿ブロード）…110cm幅×35cm
薄手接着芯…90×40cm
3cm幅ベルト芯…85cm
1.3cm径ボタン…5個
1.5cm径ボタン（ベルト用）…2個
0.8cm径スナップ…1組
かぎホック…1組

裁断のポイント
＊前身頃はタック分を加えて粗裁ちする。

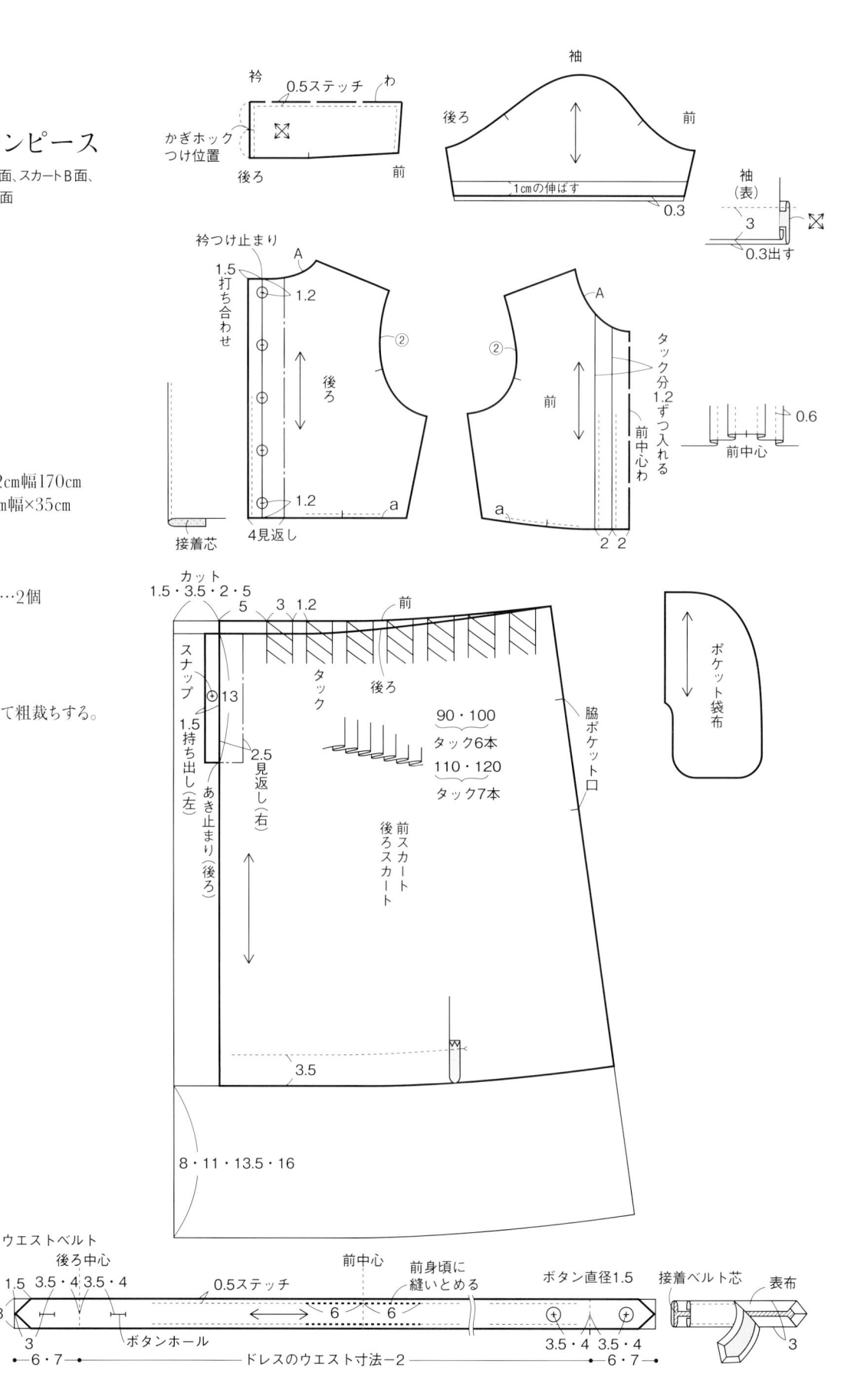

作り方

*見返し、持ち出し、衿、袖口バイアス布、前スカートの脇ポケットつけ位置の裏面に接着芯を貼る。
*肩、脇、スカートの後ろ中心の縫い代端、見返し奥にジグザグミシンをかける。

1. 粗裁ちした前身頃のピンタックを縫い、裁ち直す。(ピンタックの縫い方はp.40参照)
2. 前身頃と後ろ身頃を中表に合わせて肩を縫い、縫い代を割る。
3. 衿を作り、身頃につける。→*2
4. 前身頃と後ろ身頃を中表に合わせて脇を縫い、縫い代を割る。
5. 袖を作る。(袖山はp.71*6参照)
6. 袖と身頃を中表に合わせて縫う。(袖のつけ方はp.44参照)
7. 後ろスカート2枚を中表に合わせて後ろ中心を縫い、あきを作る。(あきの作り方はp.45参照)
8. 前・後ろスカートを中表に合わせて脇を縫い、ポケットを作る。(ポケットの作り方はp.75*6参照)
9. 裾にジグザグミシンをかけて縫い代を折り上げ、ミシンで縫いとめる。
10. スカートのウエストにタックをたたみ、身頃と中表に合わせて縫う。(身頃との縫い合わせ方はp.46参照)
11. 身頃にボタンホールをあけ、ボタンをつける。スカートあきにスナップをつける。(ボタンホールの作り方、ボタン、スナップのつけ方はp.47参照)
12. ウエストベルトを作り、前身頃に縫いとめる。

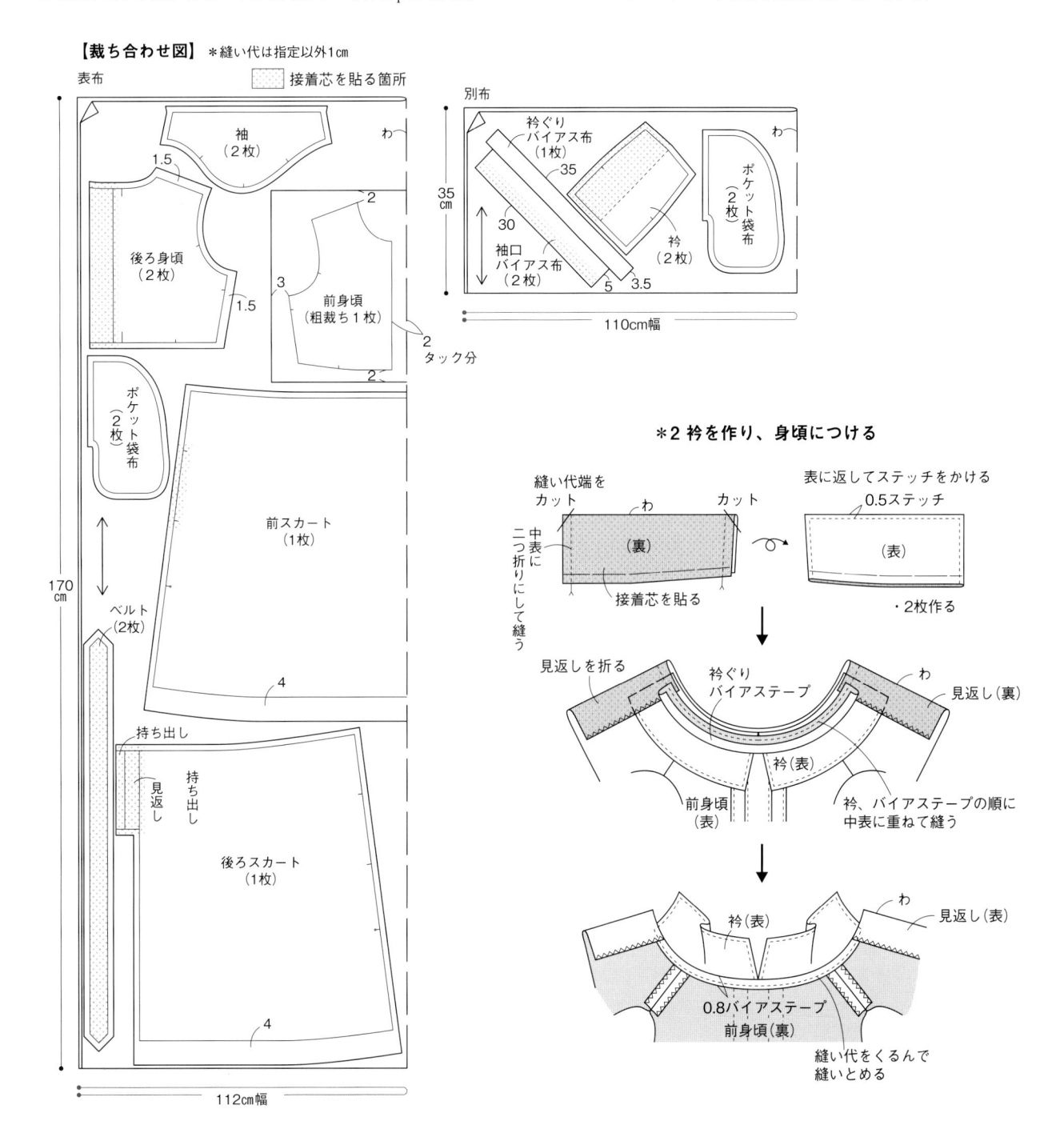

【裁ち合わせ図】 *縫い代は指定以外1cm

*2 衿を作り、身頃につける

⑮ ⑯ ▷ p.26
クラシック＆セーラーカラーブラウス

実物大型紙　前・後ろ身頃AB面、袖B面、衿A面

材料

⑮
表布（100双ブロード）…112cm幅70cm
薄手接着芯…90×45cm
1cm径ボタン…5個

⑯
表布（100双ブロード）…112cm幅90cm
薄手接着芯…90×45cm
1cm径ボタン…5個

作り方（⑮～⑱共通）
* 見返し、表衿の裏面に接着芯を貼る。
* 見返し奥にジグザグミシンをかけておく。

1. 後ろ身頃のタックを縫う。→p.72＊1
2. 前身頃と後ろ身頃を中表に合わせて肩を縫う。縫い代は2枚一緒にジグザグミシンをかけて後ろ側に倒す。
3. 衿を作り、身頃につける。→p.72＊3
4. 前身頃と後ろ身頃を中表に合わせて脇を縫う。縫い代は2枚一緒にジグザグミシンをかけて前側に倒す。
5. 裾を三つ折りにして縫う。
6. 袖を作る。→p.71＊6
7. 袖と身頃を中表に合わせて縫う。(袖のつけ方はp.44参照)
8. 前あきにボタンホールをあけ、ボタンをつける。(ボタンホールの作り方、ボタンのつけ方はp.47参照)

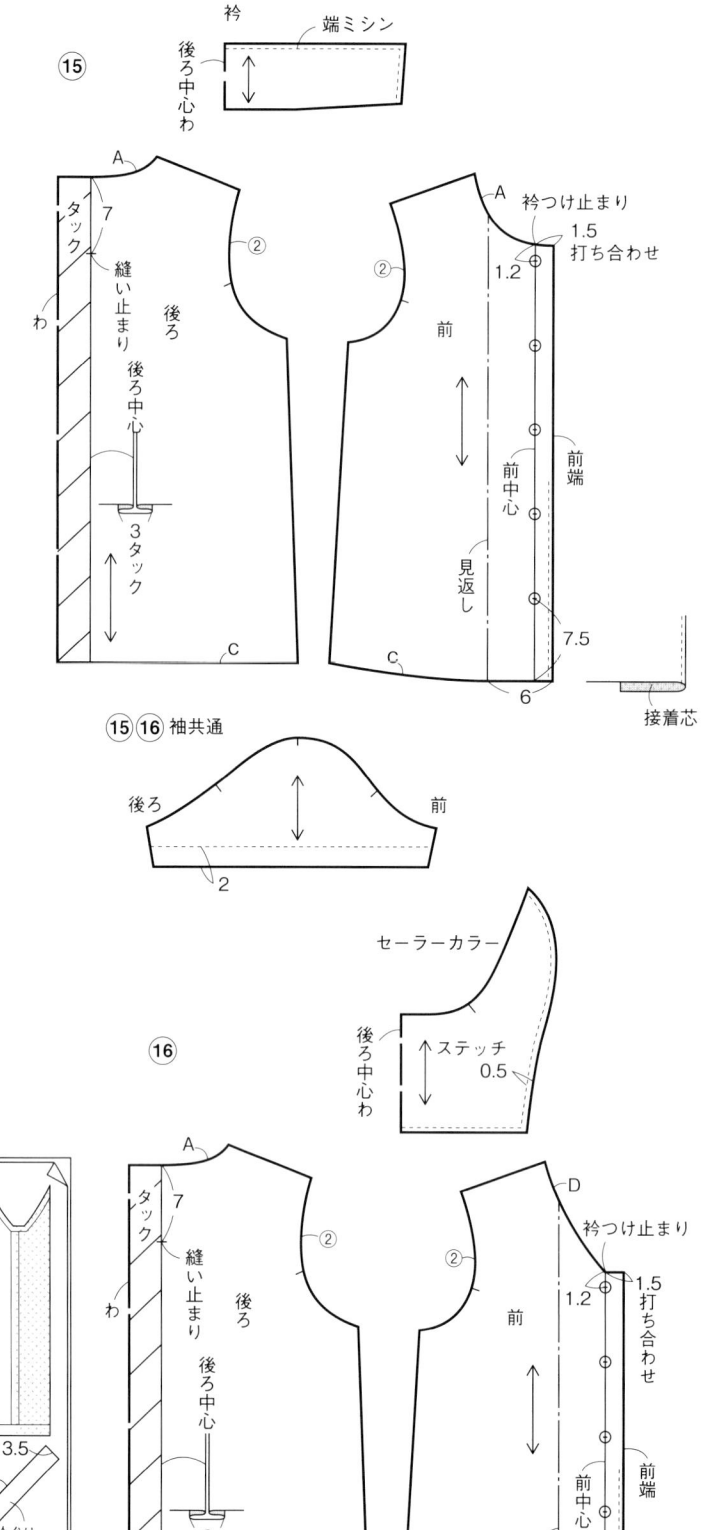

【裁ち合わせ図】 ＊縫い代は指定以外1cm

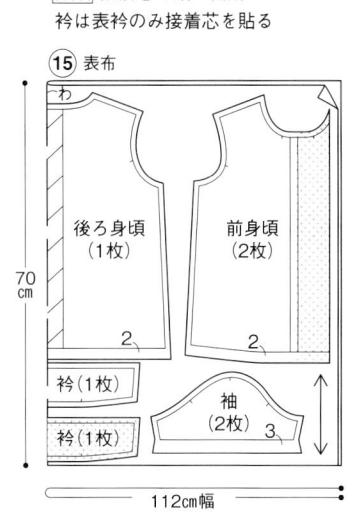

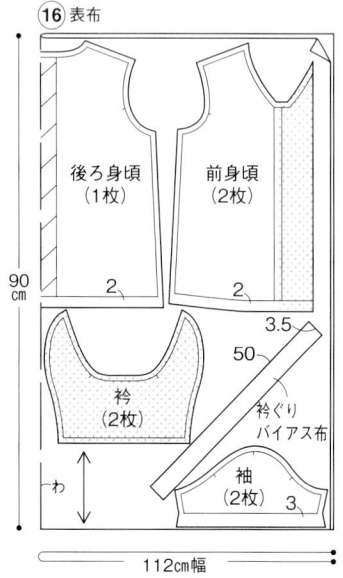

接着芯を貼る箇所
衿は表衿のみ接着芯を貼る

⑰ ⑱ ▷ p.28・p.29

ボータイ付き&
フラットカラーブラウス

実物大型紙　前・後ろ身頃AB、袖B、衿A

材料
⑰表布（100双ブロード）…112cm幅120cm
　薄手接着芯…90×45cm
　1cm径ボタン…5個
⑱表布（100双ブロード）…112cm幅90cm
　薄手接着芯…90×45cm
　1cm径ボタン…5個

裁断のポイント
*⑰のボータイは型紙がないので、製図の寸法で裁つ。

作り方は
p.70を参照

【裁ち合わせ図】 ＊縫い代は指定以外1cm
　接着芯を貼る箇所
衿は表衿のみ接着芯を貼る

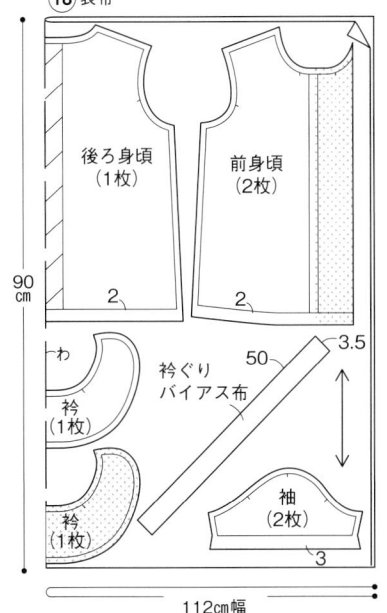

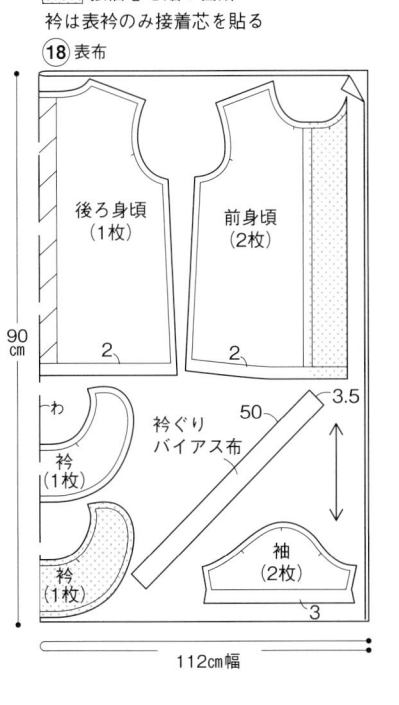

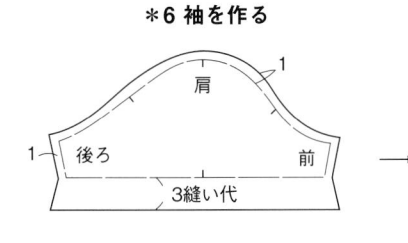

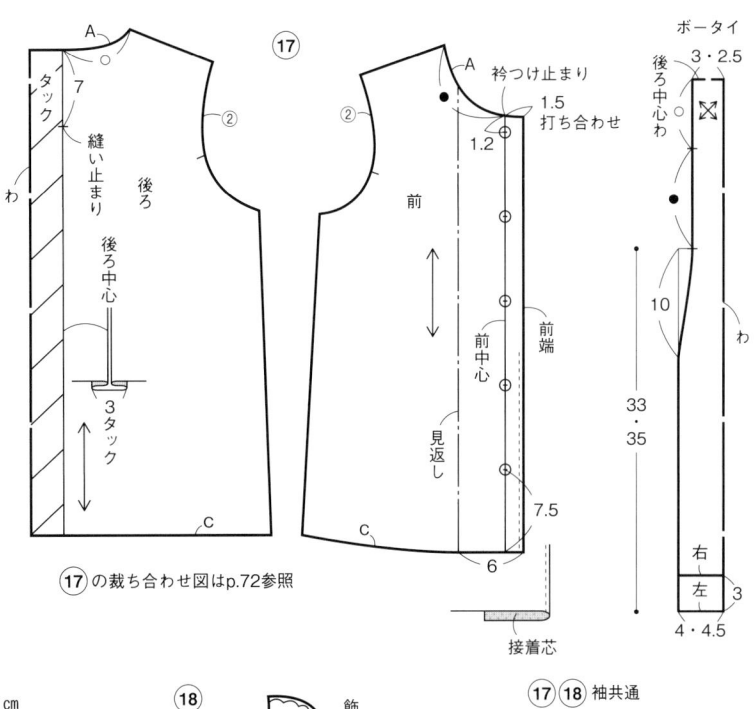

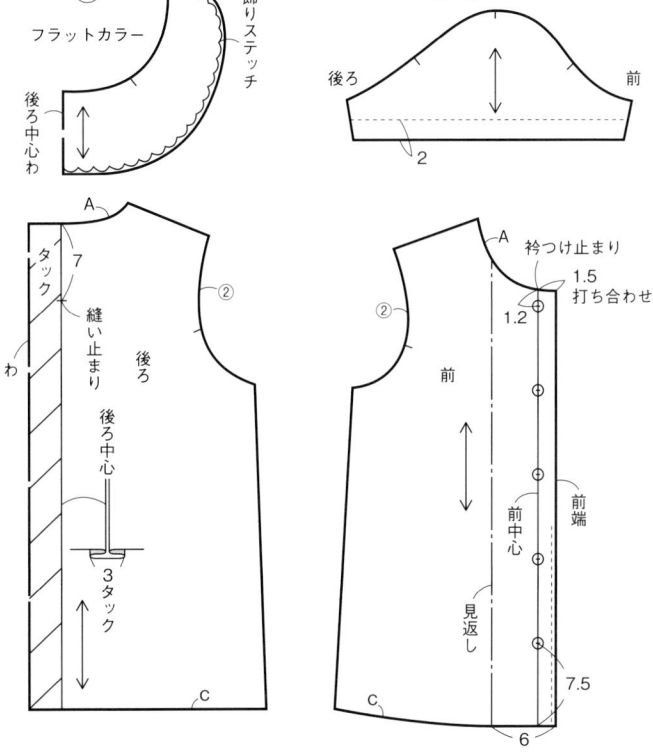

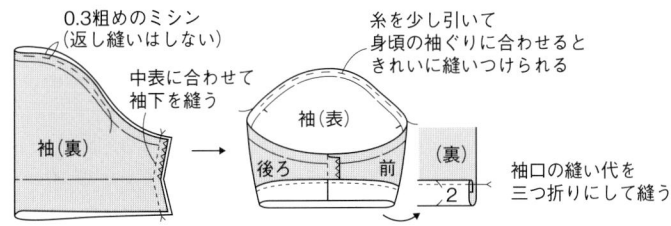

⑱表布　90cm／112cm幅

*6 袖を作る

【裁ち合わせ図】
＊縫い代は指定以外1cm

▨ 接着芯を貼る箇所

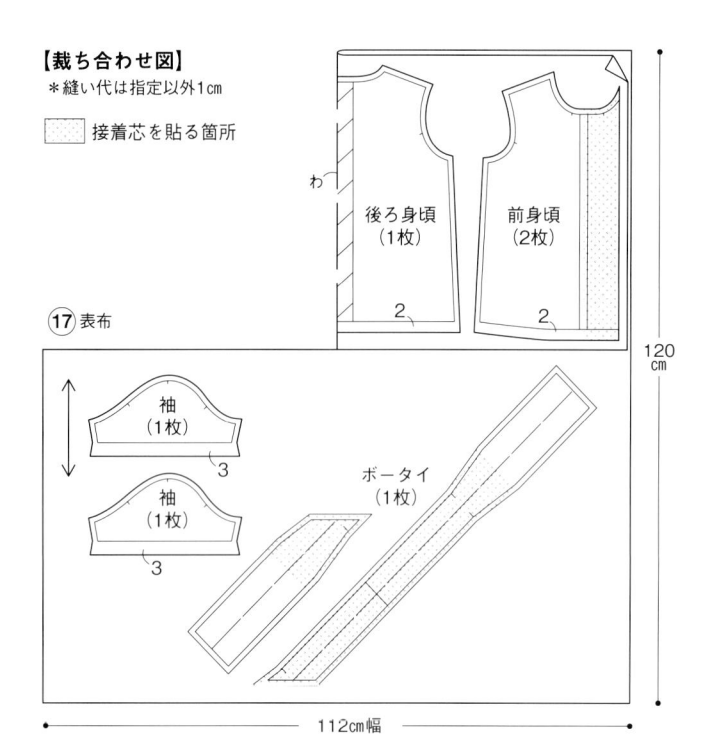

⑰ 表布

後ろ身頃（1枚）
前身頃（2枚）
わ
2
2
袖（1枚）
3
袖（1枚）
3
ボータイ（1枚）

112cm幅
120cm

＊1 後ろ身頃のタックを縫う

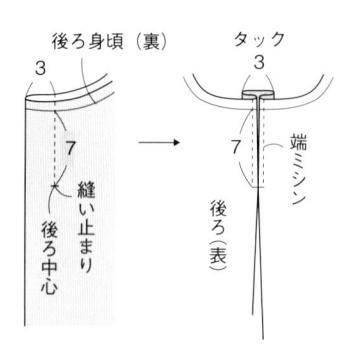

後ろ身頃（裏）
3
7
縫い止まり
後ろ中心

タック
3
7
端ミシン
後ろ（表）

＊3 衿を作り、身頃につける

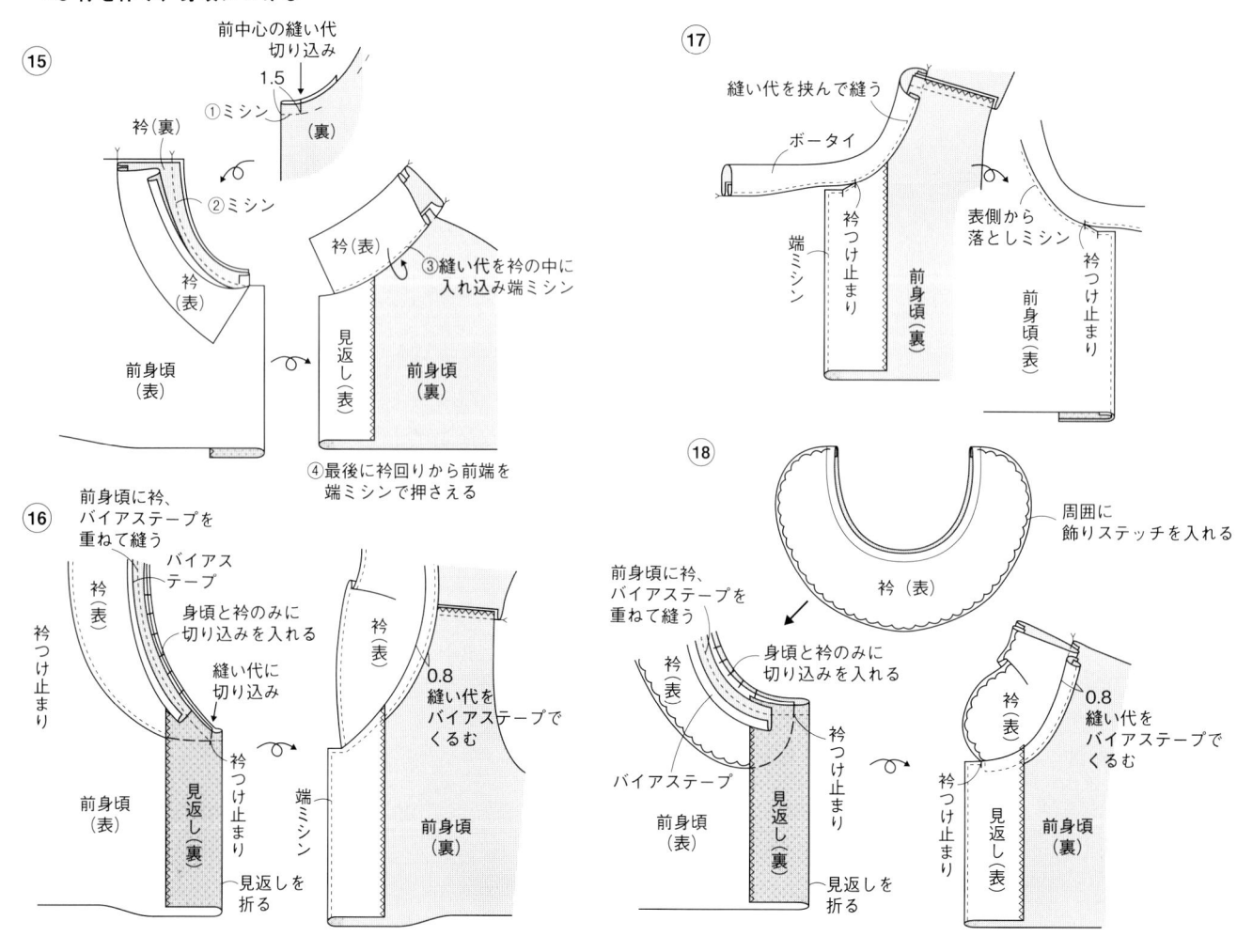

⑮
前中心の縫い代切り込み
1.5
①ミシン
衿（裏）
②ミシン
衿（表）
前身頃（表）

③縫い代を衿の中に入れ込み端ミシン
衿（表）
見返し（表）
前身頃（裏）

④最後に衿回りから前端を端ミシンで押さえる

⑯
前身頃に衿、バイアステープを重ねて縫う
バイアステープ
身頃と衿のみに切り込みを入れる
縫い代に切り込み
衿（表）
衿つけ止まり
前身頃（表）
見返し（裏）
見返しを折る

衿（表）
0.8
縫い代をバイアステープでくるむ
衿つけ止まり
前身頃（裏）
端ミシン

⑰
縫い代を挟んで縫う
ボータイ
衿つけ止まり
端ミシン
前身頃（裏）

表側から落としミシン
衿つけ止まり
前身頃（表）

⑱
衿（表）
周囲に飾りステッチを入れる

前身頃に衿、バイアステープを重ねて縫う
身頃と衿のみに切り込みを入れる
衿（表）
バイアステープ
衿つけ止まり
見返し（裏）
前身頃（表）
見返しを折る

衿（表）
0.8
縫い代をバイアステープでくるむ
衿つけ止まり
前身頃（裏）
見返し（裏）

Petit Bags

▷p.20
フリルバッグ
実物大型紙　本体A面

材料
表布(リバティプリント)…110cm幅30cm
裏布(コットン)…18×30cm
薄手接着ドミット芯…18×35cm
持ち手芯(並太毛糸)…適量
0.8cm径スナップ…1組

作り方
＊表布の裏面に薄手接着ドミット芯を貼る。
1. 表布と裏布を中表に合わせて入れ口を縫う。
2. 返し口を残して脇を縫う。
3. まちを縫う。まちの縫い代を中とじしておく。
4. 表に返して返し口をとじる。
5. 持ち手を作り、バッグにつける。
6. フリル、リボンを作り、入れ口につける。
7. 入れ口にスナップをつける。

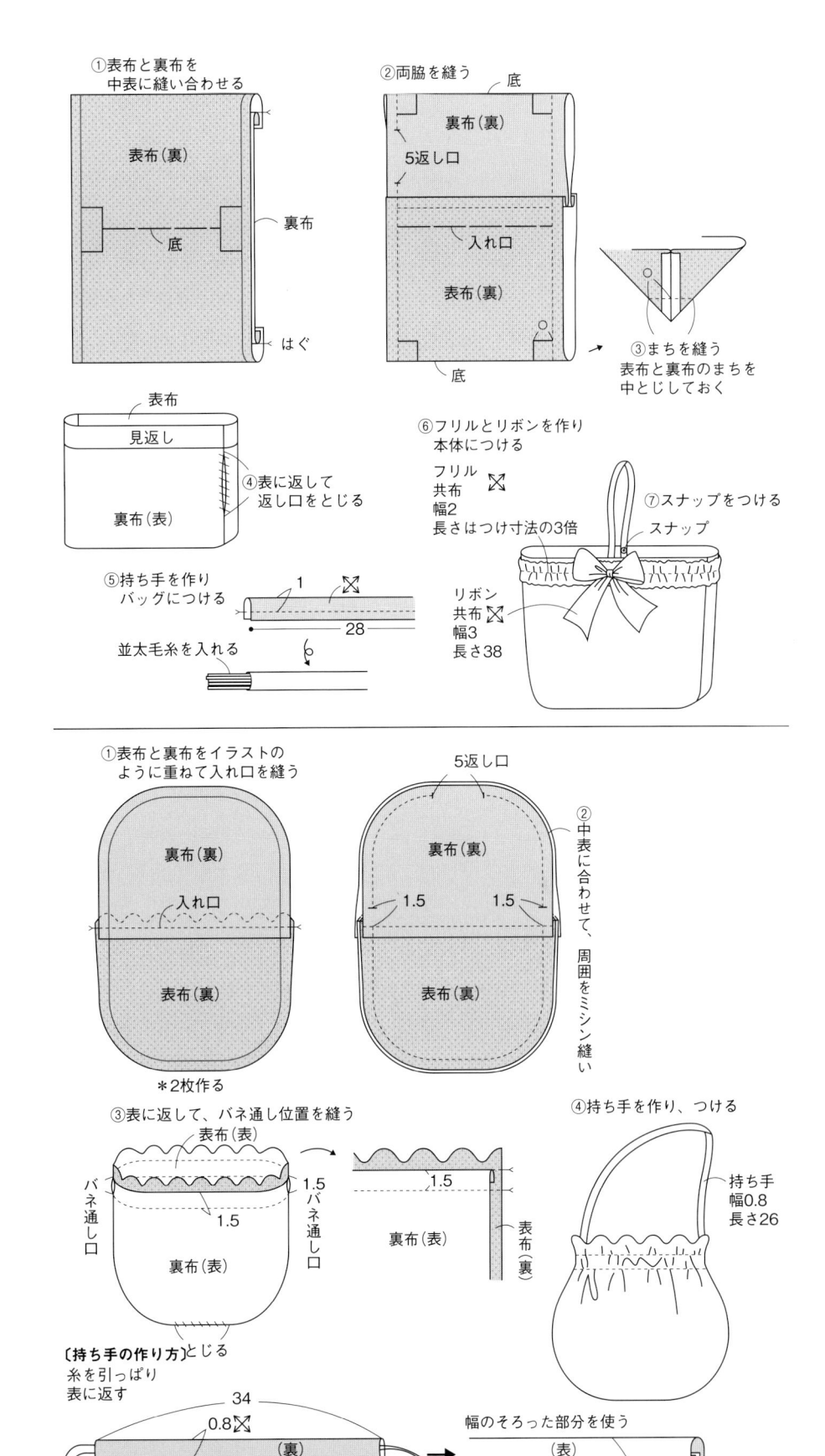

▷p.21
バネ口バッグ
実物大型紙　本体A面

材料
表布(ボーダーレース)…45×25cm
裏布(コットン)…20×45cm
薄手接着芯…20×45cm
12cm幅バネ口…1本

作り方
＊表布の裏面に接着芯を貼る。
1. 表布と裏布の入れ口を縫う。2枚作る。
2. 1を中表に合わせ、返し口とバネ通し口を残して周囲を縫う。
3. 表に返して返し口をとじる。
4. バネ通し位置を縫う。
5. バネ通し口からバネ口を通し、通し口をとじる。
6. 持ち手を作り、つける。

⑮〜⑱ ▷ p.26〜p.29
ジャンパースカート

実物大型紙　前・後ろ身頃A面、ポケット袋布A面

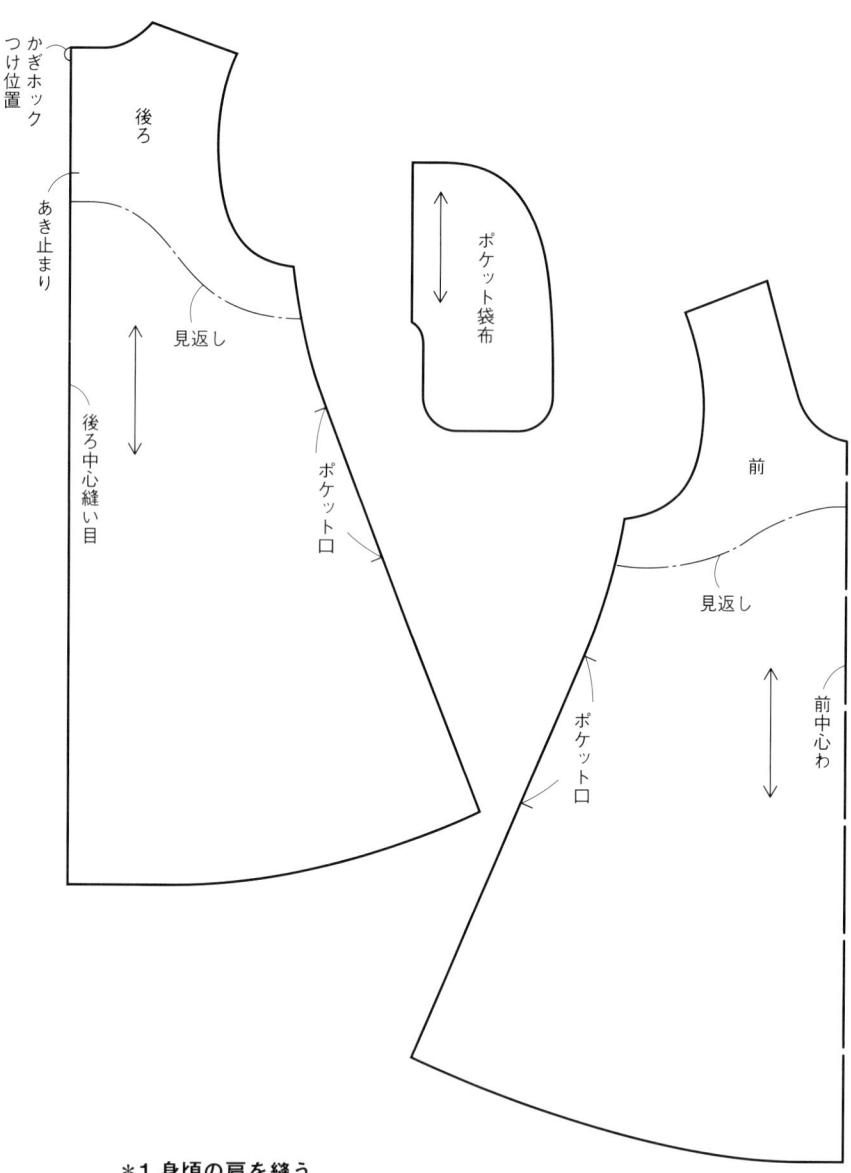

材料
⑮表布(サマーウール)…138cm幅100cm
⑯⑰表布(ウールトロピカル)…150cm幅100cm
⑱表布(ウールシルク混紡ギャバ)
　…142cm幅100cm
(⑮〜⑱共通)
別布(ポケット裏用)…30×25cm
接着芯…90×30cm
かぎホック…1組

作り方(⑮〜⑱共通)
＊前身頃ポケットつけ位置の縫い代、見返し、後ろあきあき止まりの2cm下までの裏面に接着芯を貼る。
＊脇、後ろ中心の縫い代端、見返し奥にジグザグミシンをかけておく。
1. 前身頃と後ろ身頃の表布と見返しをそれぞれ中表に合わせて肩を縫う。→＊1
2. 後ろ身頃と見返しを中表に合わせてあき止まりまで縫う。→＊2
3. 身頃と見返しを中表に合わせて衿ぐり、袖ぐりを縫い、表に返す。→p.75＊3
4. 後ろ身頃2枚を中表に合わせて後ろ中心を縫う。
5. 前身頃と後ろ身頃を中表に合わせ、脇を見返しまで続けて縫う。ポケット口を縫い残す。→p.75＊5
6. ポケットを作る。→p.75＊6
7. 裾にジグザグミシンをかけて縫い代を折り上げ、奥まつりする。

＊1 身頃の肩を縫う

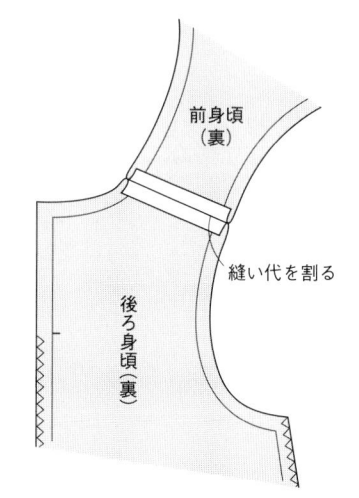

＊2 後ろ身頃と見返しを中表に合わせてあき止まりまで縫う

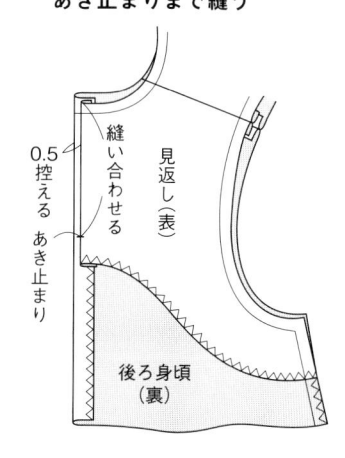

【裁ち合わせ図】＊縫い代は指定以外1cm

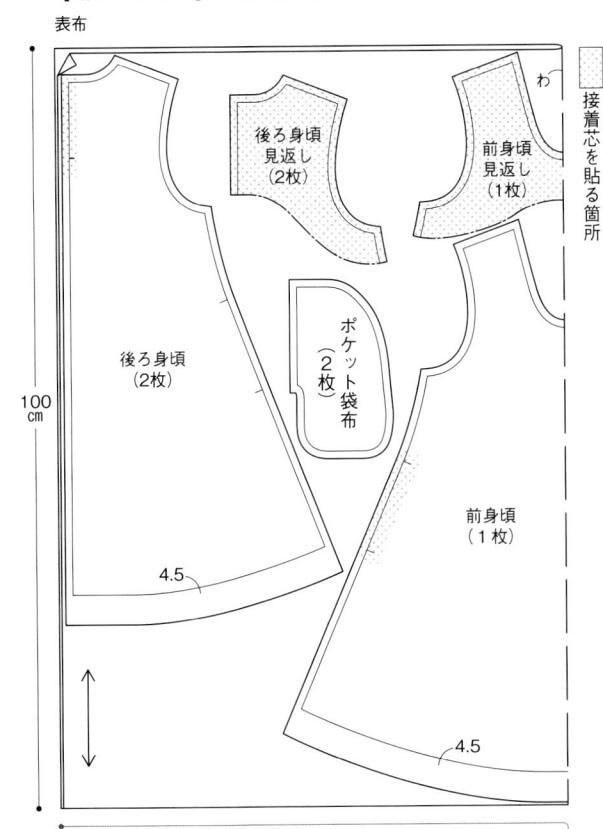

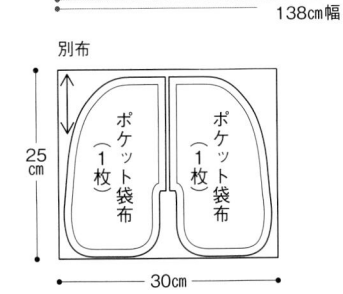

表布

- 後ろ身頃見返し（2枚）
- 前身頃見返し（1枚）
- 後ろ身頃（2枚）
- ポケット袋布（2枚）
- 前身頃（1枚）

わ
接着芯を貼る箇所

100cm
138cm幅
4.5
4.5

別布
- ポケット袋布（1枚）
- ポケット袋布（1枚）

25cm
30cm

＊3 身頃と見返しを中表に合わせて衿ぐり、袖ぐりを縫う

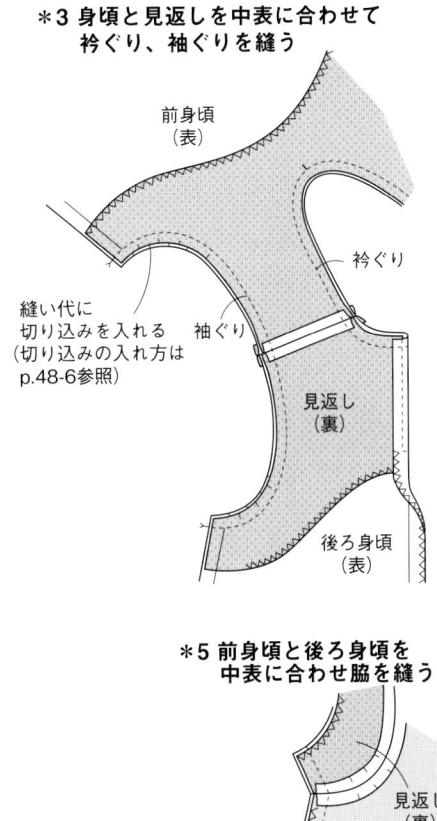

前身頃（表）
衿ぐり
袖ぐり
見返し（裏）
後ろ身頃（表）
縫い代に切り込みを入れる（切り込みの入れ方はp.48-6参照）

＊5 前身頃と後ろ身頃を中表に合わせ脇を縫う

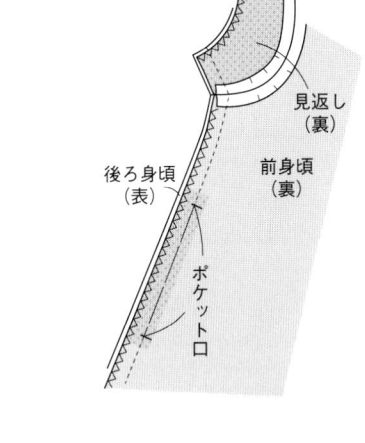

見返し（裏）
後ろ身頃（表）
前身頃（裏）
ポケット口

＊6 ポケットを作る

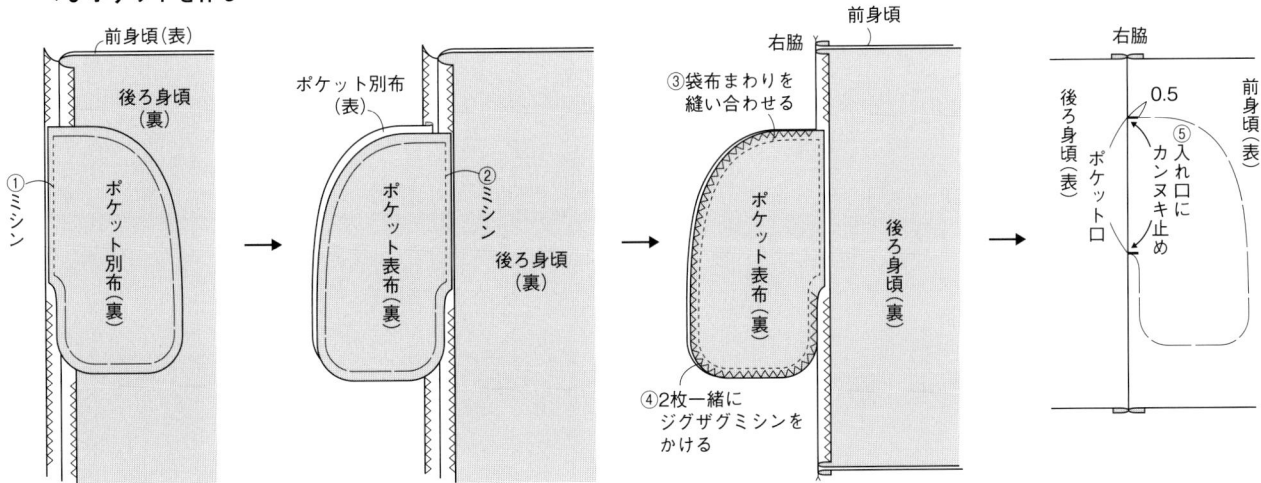

前身頃（表）
後ろ身頃（裏）
ポケット別布（裏）
①ミシン

ポケット別布（表）
後ろ身頃（裏）
②ミシン

③袋布まわりを縫い合わせる
ポケット表布（裏）
後ろ身頃（裏）
前身頃
④2枚一緒にジグザグミシンをかける

右脇
後ろ身頃（表）
ポケット口
前身頃（表）
0.5
⑤入れ口にカンヌキ止め

⑲ ⑳ ▷ p.32

カフェカーテンで純白ドレス

実物大型紙　前・後ろ身頃AB面、スカートB面

材料
表布（カフェカーテン）
　…〔90・100cm〕85cm幅270cm、
　〔110・120cm〕85cm幅320cm
裏布（綿ローン）
　…〔90・100cm〕110cm幅125cm、
　〔110・120cm〕110cm幅145cm
1.5cm幅接着テープ…130cm
1cm径ボタン…5個
0.8cm径スナップ…1組
3.7cm幅サテンリボン…250cm

裁断と型紙のポイント
＊表スカートは製図の寸法で1枚裁ちする。
＊表スカートの裾にレース柄を合わせて裁つ。
＊前身頃はタック分を加えて粗裁ちする。

作り方（⑲・⑳共通）
1. 粗裁ちした前身頃のピンタックを縫い、裁ち直す。（ピンタックの縫い方はp.40参照）
2. 前身頃と後ろ身頃の表布と裏布をそれぞれ中表に合わせて肩を縫う。
3. 表布と裏布を中表に合わせて衿ぐり、袖ぐりを縫い、表に返す。→p.77＊2
4. 前身頃と後ろ身頃を中表に合わせ、脇を裏布まで続けて縫う。（→p.75＊5参照）
5. 表スカートを中表に合わせて後ろ中心を縫い、あきを作る。（あきの作り方はp.45参照）
6. 前・後ろアンダースカートを中表に合わせて脇、後ろ中心を縫い、裾を三つ折りにして縫う。
7. 表・アンダースカートのウエストにそれぞれギャザーを寄せる。
8. 表・アンダースカートを重ねて身頃の表布と中表に合わせて縫う。縫い代は3枚一緒に上側に倒す。
9. 裏布はウエストをでき上がりに折り、スカートの縫い代にかぶせてまつる。
10. 身頃にボタンホールをあけ、ボタンをつける。スカートあきにスナップをつける。（ボタンホールの作り方、ボタン、スナップのつけ方はp.47参照）

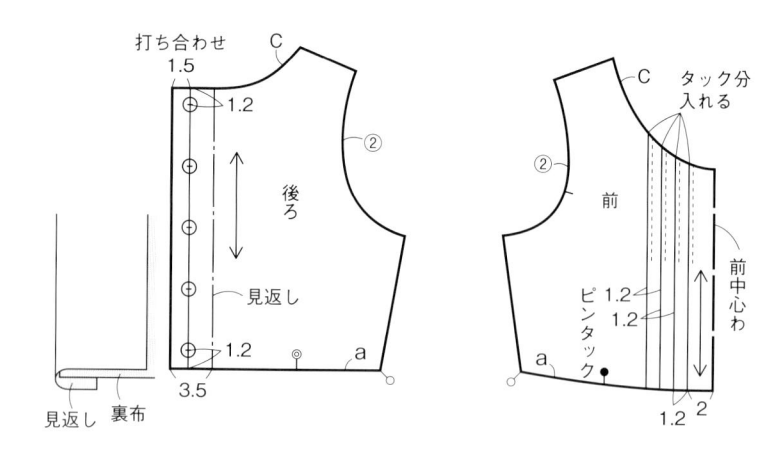

〈表スカートの合い印位置〉

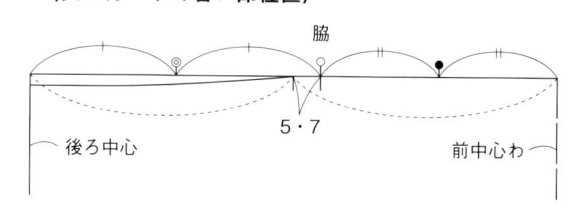

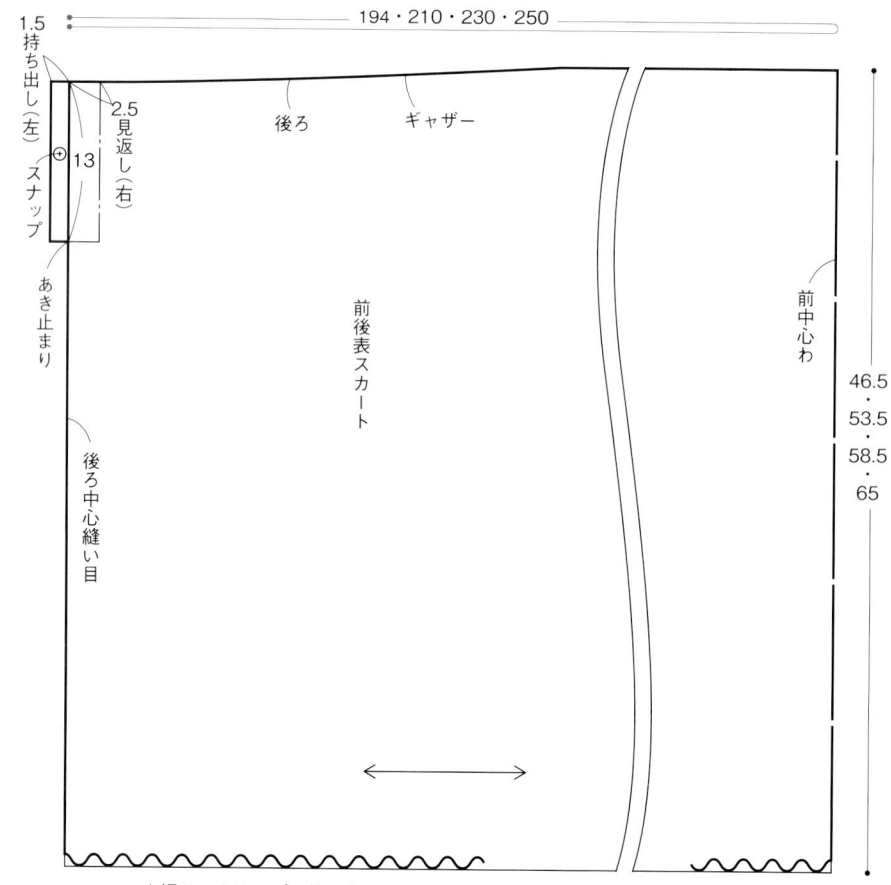

☆裾はスカラップの端に合わせる

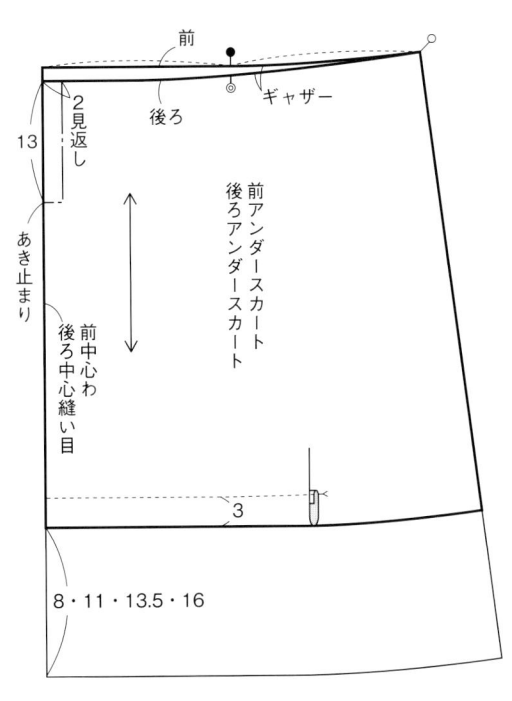

前アンダースカート・後ろアンダースカート

- 前
- 後ろ
- ギャザー
- 2 見返し
- 13
- あき止まり
- 前中心わ
- 後ろ中心縫い目
- 3
- 8・11・13.5・16

*2 表布と裏布を中表に合わせて衿ぐりを縫う

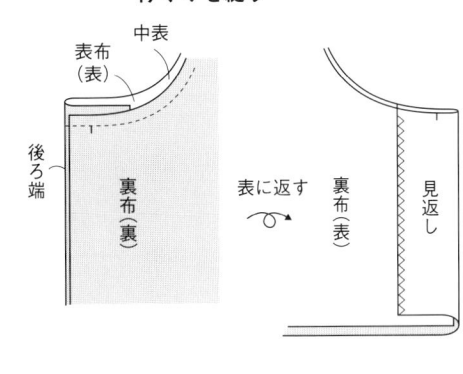

- 中表
- 表布（表）
- 後ろ端
- 裏布（裏）
- 表に返す
- 見返し
- 裏布（表）

*9 裏布はウエストをでき上がりに折り、スカートの縫い代にかぶせてまつる

- 裏布
- 表布
- まつる

【裁ち合わせ図】 *縫い代は指定以外1cm

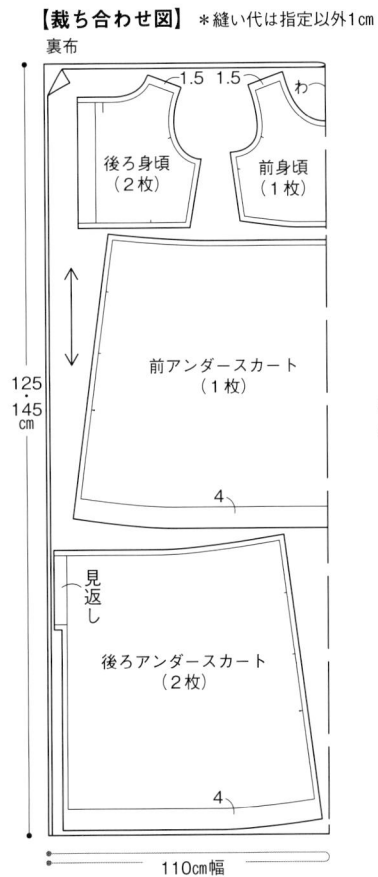

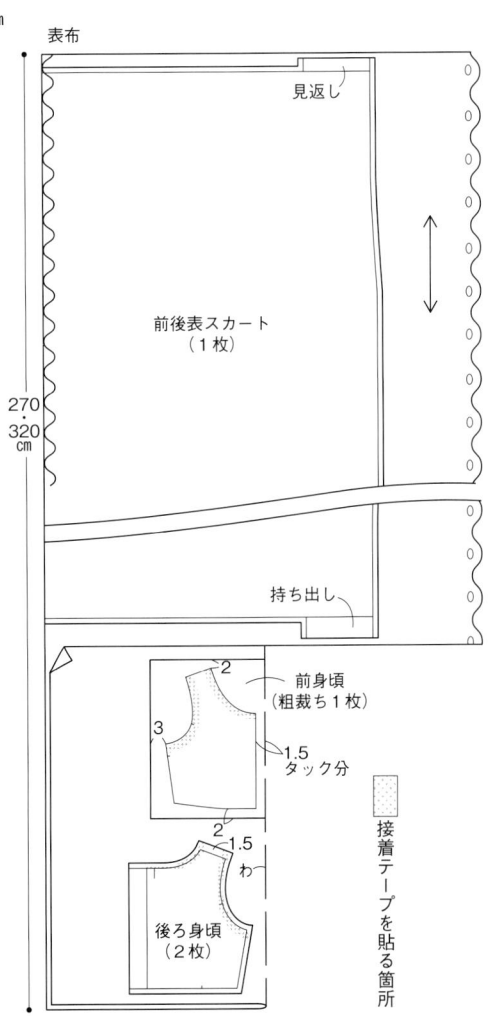

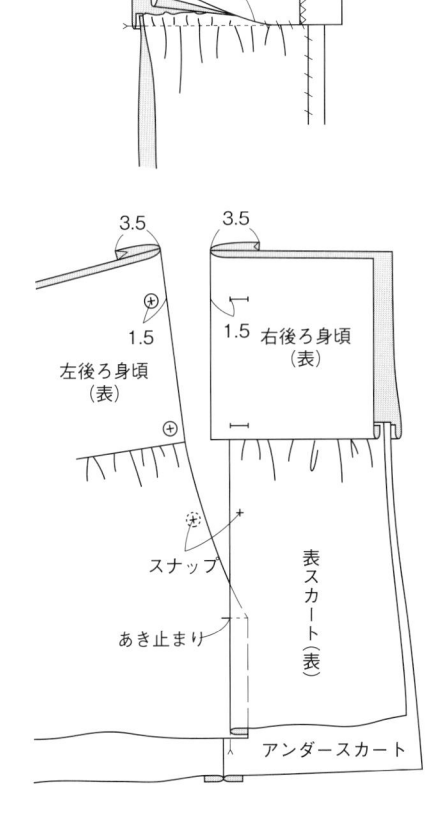

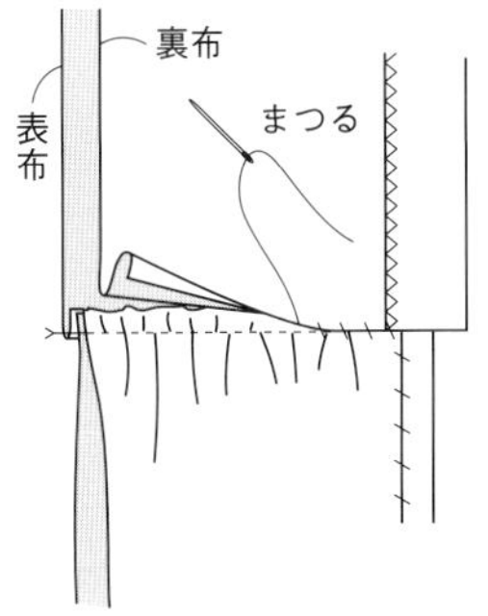

裏布
- 1.5　1.5
- 後ろ身頃（2枚）
- 前身頃（1枚）
- わ
- 前アンダースカート（1枚）
- 4
- 見返し
- 後ろアンダースカート（2枚）
- 4
- 125・145cm
- 110cm幅

表布
- 見返し
- 前後表スカート（1枚）
- 持ち出し
- 270・320cm
- 前身頃（粗裁ち1枚）
- 2
- 3
- 1.5 タック分
- 2
- 1.5
- わ
- 後ろ身頃（2枚）
- 接着テープを貼る箇所
- 85cm幅

- 3.5　3.5
- 1.5
- 左後ろ身頃（表）
- 1.5
- 右後ろ身頃（表）
- スナップ
- あき止まり
- 表スカート（表）
- アンダースカート

21 ▷ p.36

フラワーモチーフレースとチュールのパーティドレス

実物大型紙　前・後ろ身頃AB面、スカートB面

材料
表布(フラワーモチーフレース)
　…120cm幅40cm
　　(20Dソフトチュール)
　…180cm幅280cm
裏布(薄手木綿)…110cm幅210cm
0.8cm径スナップ…9組
2.5cm幅オーガンジーリボン…260cm

裁断と型紙のポイント
＊表スカートは型紙がないので製図の寸法で裁つ。
＊表スカートは2枚重ねに作り、裾は裁ち切りにする。

作り方
＊前・後ろ身頃の肩、脇の縫い代端にジグザグミシンをかける。
1. 前・後ろ身頃それぞれの裏布に表布を貼る。(裏布のつけ方はp.48の3、4参照し、見返しをつけずに作る)
2. 前身頃と後ろ身頃を中表に合わせて肩を縫う。
3. 衿ぐり、袖ぐりをバイアステープで始末して脇を縫う。→p.79＊3
4. 身頃のあきを作る。
5. 後ろアンダースカート2枚を中表に合わせて後ろ中心を縫い、あきを作る。(あきの作り方はp.43参照)
6. 5の脇を縫い、裾を三つ折りにして縫う。
7. 表スカートの両脇を縫い合わせる(2枚作る)。
8. 表スカートを2枚重ねてスラッシュあきを作り、アンダースカートのあきにまつる。→p.79＊8
9. 表・アンダースカートそれぞれのウエストにギャザーを寄せる。→p.79＊9
10. スカートと身頃を中表に合わせてウエストを縫う。縫い代は全て一緒にジグザグミシンをかけて上側に倒す。
11. 身頃とスカートのあきにスナップをつける。リボンを蝶結びし、後ろ身頃に縫いつける。→p.79＊11

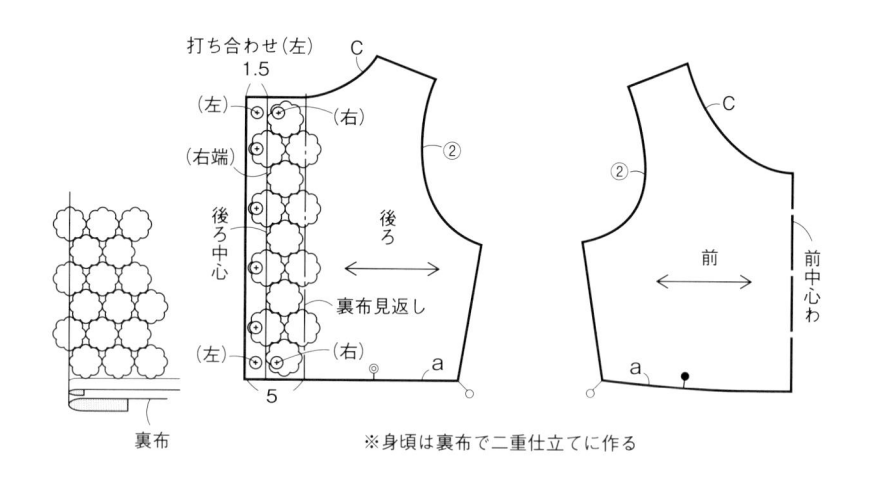

※身頃は裏布で二重仕立てに作る

※表スカートはチュールのスカートを2枚重ねる(裁ち合わせ図はなし)
後ろ中央のあき部分はチュールに切り込みを入れて、アンダースカートのあき口にまつりつける

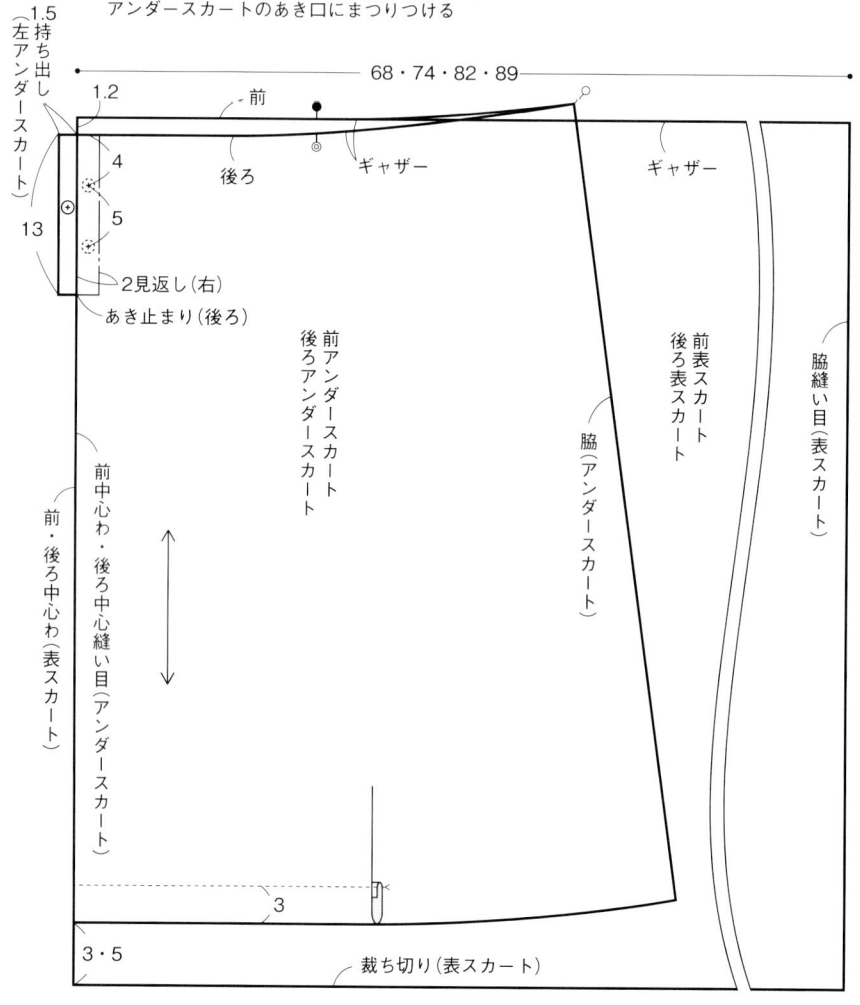

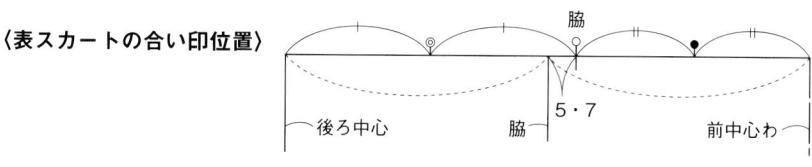

〈表スカートの合い印位置〉

【裁ち合わせ図】 *縫い代は指定以外1cm

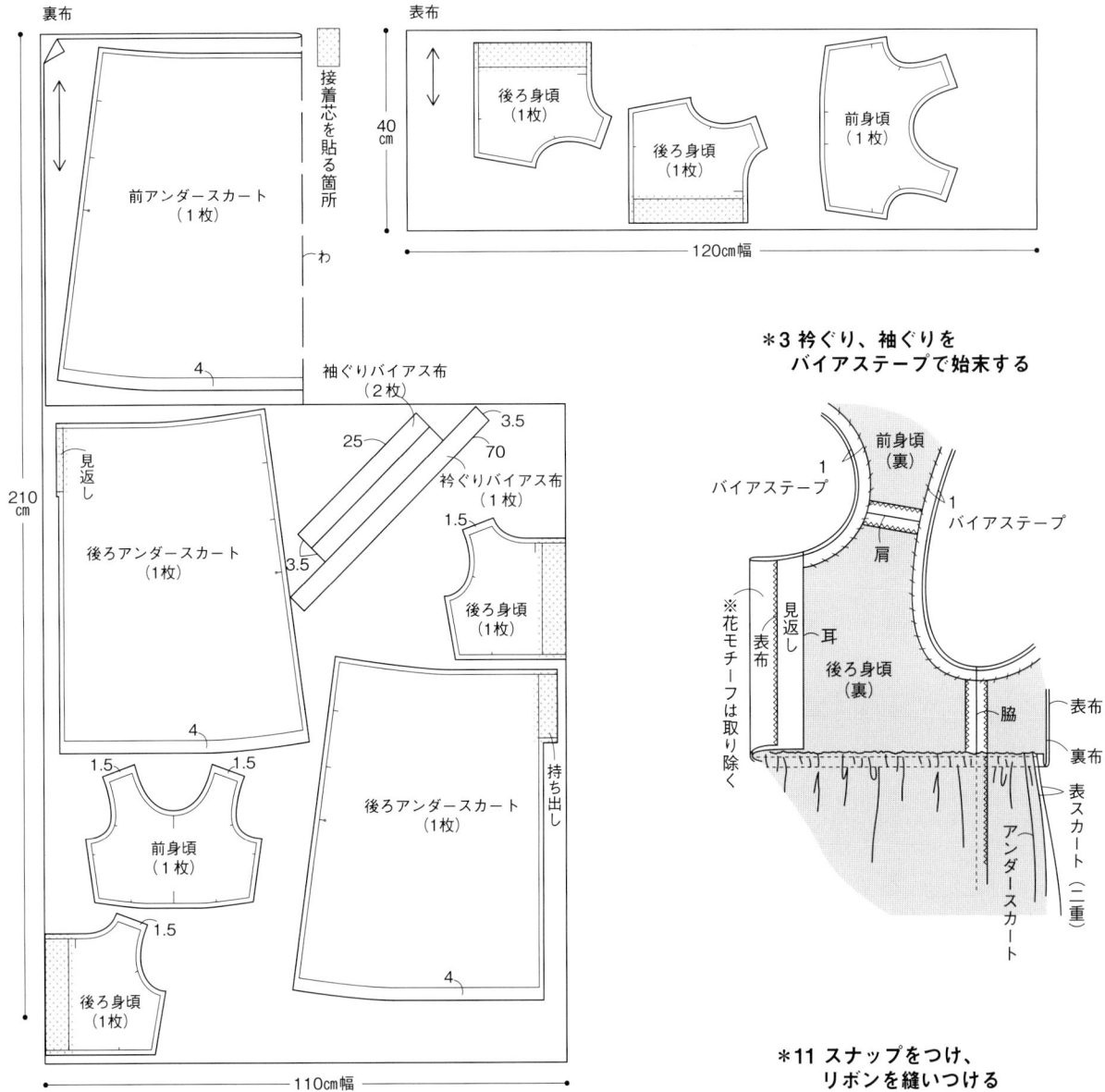

裏布

前アンダースカート（1枚）

接着芯を貼る箇所

表布

後ろ身頃（1枚）
後ろ身頃（1枚）
前身頃（1枚）

40cm
120cm幅

見返し
4
袖ぐりバイアス布（2枚）
25　70　3.5
衿ぐりバイアス布（1枚）
3.5
210cm

後ろアンダースカート（1枚）
4
1.5　1.5
後ろ身頃（1枚）
持ち出し

前身頃（1枚）
1.5
後ろアンダースカート（1枚）
4
後ろ身頃（1枚）

110cm幅

*3 衿ぐり、袖ぐりを
バイアステープで始末する

前身頃（裏）
バイアステープ 1　1 バイアステープ
肩
見返し
耳
表布
※花モチーフは取り除く
後ろ身頃（裏）
脇
表布
裏布
表スカート
アンダースカート（二重）

*8 アンダースカートに表スカートをまつる
*9 表・アンダースカートそれぞれのウエストに
　　ギャザーを寄せる

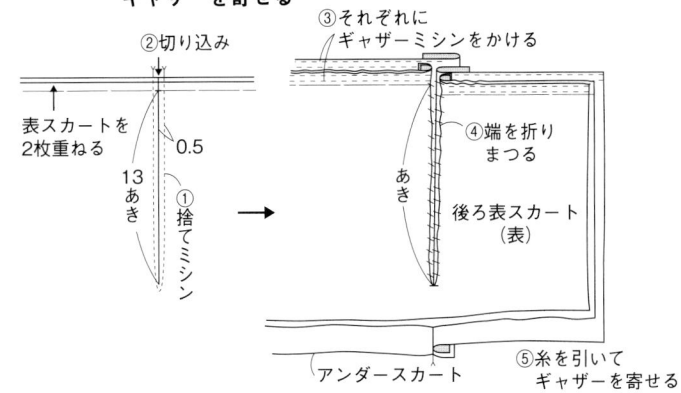

②切り込み
表スカートを2枚重ねる
13あき
0.5
①捨てミシン

③それぞれに
ギャザーミシンをかける
④端を折りまつる
あき
後ろ表スカート（表）
アンダースカート
⑤糸を引いてギャザーを寄せる

*11 スナップをつけ、
リボンを縫いつける

打ち合わせ位置で花のモチーフが重ならないように
花なりに切り抜き、裏布に手縫いでまつりつける

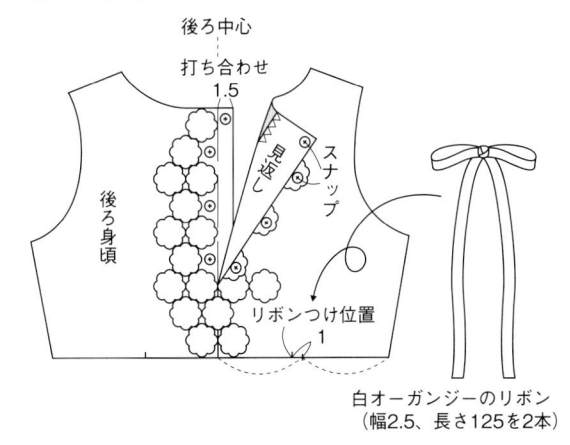

後ろ中心
打ち合わせ
1.5
見返し
スナップ
後ろ身頃
リボンつけ位置
1

白オーガンジーのリボン
（幅2.5、長さ125を2本）

79

かわいきみ子

文化服装学院デザイン科卒。NHK「すてきにハンドメイド」出演のほか『通園・通学のバッグ&小物』(新星出版社)、『発表会のための少女の服』(文化出版局)など著書多数。

Staff

ブックデザイン	村﨑和寿(murasaki design)
撮影	成田由香利
プロセス撮影	岡 利恵子(本社写真編集室)
スタイリング	南雲久美子
ヘアメイク	山崎由里子
モデル	川合菖姫(JUNES)撮影当時身長120cm
	小島加愛(JUNES)撮影当時身長104cm
製図	上平香寿子
トレース	坂川由美香
裁ち合わせ図	久野麻衣
校閲	滄流社
編集	北川恵子

女の子のよそゆき服
特別な日のための1枚

編集人	石田由美
発行人	倉次辰男
発行所	株式会社主婦と生活社
	〒104-8357 東京都中央区京橋3-5-7
	https://www.shufu.co.jp/
	編集代表 ☎03-3563-5361
	販売代表 ☎03-3563-5121
	生産代表 ☎03-3563-5125
印刷所	大日本印刷株式会社
製本所	共同製本株式会社

©かわいきみ子 2015 Printed in Japan ISBN978-4-391-14617-2

®本書を無断で複写複製(電子化を含む)することは、著作権法上の例外を除き、禁じられています。本書をコピーされる場合は、事前に日本複製権センター(JRRC)の許諾を受けてください。また、本誌を代行業者等の第三者に依頼してスキャンやデジタル化をすることは、たとえ個人や家庭内の利用であっても一切認められておりません。
JRRC(https://jrrc.or.jp/ eメール:jrrc_info@jrrc.or.jp ☎03-6809-1281)

十分に気をつけながら造本していますが、万一、乱丁、落丁の場合は、お買い求めになった書店か小社生産部へご連絡ください。お取り替えいたします。

※本誌掲載作品の複製頒布、および販売はご遠慮ください。

《この本でご協力いただいた会社》

オカダヤ新宿本店
東京都新宿区新宿3-23-17 ☎03-3352-5411(大代表)
http://www.okadaya.co.jp/shinjuku

クロバー株式会社
大阪府大阪市東成区中道3-15-5 ☎06-6978-2277(お客様係)
http://www.clover.co.jp

服地のアライ
東京都荒川区東日暮里6-45-5 ☎03-3891-8366

パキラ
東京都荒川区東日暮里6-58-5 ☎03-3891-8990
http://www.eleg.co.jp

《撮影協力》
P.4 ▷ ヘッドハット/natica
P.5 ▷ ビーズ刺しゅうバッグ、シューズ/naughty
P.13 ▷ ガーランド/PIENIKOTI jiyugaoka
P.15 ▷ サイドテーブル/コベント・ガーデン バザール自由が丘店
P.16 ▷ ビーズ刺しゅうチェーンバッグ/naughty
P.18 ▷ 丸バスケット/naughty
P.20 ▷ チェスト/コベント・ガーデン バザール自由が丘店
スカラップクロス/naughty
P.32・33 ▷ チェスト、ランプスタンド、ブーケBOX、あじさいを入れたカップ、あじさい、ラナンキュラス、ピッチャー、ハットBOXに入れたブーケ、暖炉の上のブーケ、暖炉の上のガラスボトル/コベント・ガーデン バザール自由が丘店
女の子が持っているリングピロー/naughty
P.36 ▷ サイドテーブル、シルバーカップ、チューリップブーケ/コベント・ガーデン バザール自由が丘店
P.38・39 ▷ レース刺しゅうクロス、刺しゅうハンカチ/naughty

《shop list》
コベント・ガーデン バザール自由が丘店
☎03-6459-5061
〒152-0035 東京都目黒区自由が丘1-24-10 平井ビル1F

natica
☎03-6427-8944
〒150-0021 東京都渋谷区恵比寿西2-16-11
ビラエビス103

naughty
☎03-3793-5113
〒150-0022 東京都渋谷区恵比寿南3-2-10
クイーンホームズB1

PIENIKOTI jiyugaoka
☎03-3725-5120
〒152-0035 東京都目黒区自由が丘2-17-10
HALE MA'Oビル3F

アワビーズ
UTUWA
EASE PARIS
プロップスナウ